La mujer:
Sus tensiones
y depresiones

La mujer:
Sus tensiones
y depresiones

David Hormachea

GRUPO NELSON
Una división de Thomas Nelson Publishers
Desde 1798

NASHVILLE   DALLAS   MÉXICO DF.   RÍO DE JANEIRO   BEIJING

Diseño: *www.Blomerus.org*

ISBN: 978-1-60255-161-9

Impreso en Estados Unidos de América

09 10 11 12 BTY 9 8 7 6 5 4 3 2

Dedicatoria

Dedicado a mi madre, quien me enseñó que pese a la raza, el color de su piel, la educación o la edad, la mujer es una maravillosa creación divina que los hombres en forma natural no entendemos. Dedicado a mi madre, que no solo es una de las más grandes muestras de que el amor de una mujer es maravilloso sino que, además, con su vida sigo comprobando que una mujer pobre, con poca educación formal y sin los conocimientos de la vida moderna, con su confianza en Dios puede vivir saludablemente en medio de las más grandes tensiones y serias frustraciones.

Mamita, te amo y te agradezco que me trajeras a este mundo. Creo que miles de mujeres también quisieran agradecértelo. Agradezco también por permitirme vivir esta vida de servicio, amor y dedicación para ayudar a las mujeres que amo.

Contenido

Introducción

EXISTEN MUCHAS COSAS QUE son importantes en la convivencia saludable con nuestro cónyuge, pero una de las fundamentales es conocernos mutuamente. Sin embargo, mientras más relación tengo con parejas, más me doy cuenta de cuánto desconocemos del mundo del sexo opuesto. No solo existen mujeres que desconocen los conflictos que nosotros los hombres enfrentamos, sino que hay muchos hombres que no tienen idea del mundo femenino y sus complicaciones. Es verdad, no es bueno desconocer a la persona con quien compartirá toda su vida; es importantísimo conocer a nuestro cónyuge, sin embargo, uno de los más terribles errores que podemos cometer es no conocernos a nosotros mismos. Estoy convencido de que no podemos amar a otros como Dios demanda si no nos amamos a nosotros mismos como Él enseña.

> *Nadie puede amarse bien si no se conoce bien ni puede amar bien a sus seres queridos si no ha aprendido a amarse a sí mismo.*

Estoy persuadido de que después de conocer a Dios y su Palabra, una de las más sabias determinaciones del ser humano es conocerse a sí mismo. Es que nadie puede amarse bien si no se conoce bien ni puede amar a otro si no sabe amarse a sí mismo. Las palabras del gran apóstol Pablo confirman lo que escribo cuando dice: «Así también los maridos deben amar a sus mujeres como a sus propios cuerpos. El que ama a su mujer, a sí mismo se ama» (Efesios 5.28).

He escuchado a más mujeres que las que usted puede imaginarse. Mis conferencias, libros y programas de radio, me dan la oportunidad de relacionarme con muchas personas, de que me conozcan, de entrar en su mundo y abrir una puerta a la confianza. Debido a que trato de enseñar la verdad, de acuerdo a como la interpreto a partir de la única regla de fe y conducta que he elegido, es decir, la Biblia, en mis conferencias y escritos, muchas mujeres comprenden verdades extraordinarias con respecto a ellas mismas por lo que desean saber más. Por otro lado, debido a que mi meta es mostrarme tal como soy, con virtudes y defectos, muchas mujeres se identifican con mis pecados, errores, aciertos, virtudes, angustias y defectos; por lo que se sienten comprendidas. Además, debido a que muchas de ellas saben que me gusta decir las verdades en forma honesta y directa, deciden buscar nuestro asesoramiento.

En base a mi universo de experiencias con las mujeres que se comunican conmigo, he llegado a algunas conclusiones importantes. Primero, *muchas mujeres no se conocen.* No conocen su mundo emocional ni su mundo espiritual y muchas no conocen su cuerpo como debieran.

Segundo, *muchas otras no saben amarse a sí mismas.* No dedican tiempo para su desarrollo físico, su desarrollo emocional o su vida espiritual, pues están terriblemente involucradas en la vida de sus esposos e hijos y se creen las redentoras de todo el resto de su familia extendida.

Tercero, *muchas mujeres no han buscado desarrollarse hacia la madurez en algunas áreas de sus vidas.* Por ello, responden inmaduramente al maltrato o al abuso, y permiten actitudes, palabras y acciones que ninguna mujer madura permitiría. Estas mujeres, siendo adultas, siguen sintiendo la misma impotencia que sintieron de niñas, por más que su situación actual sea diferente.

Cuarto, *muchas mujeres tienen ideas erróneas con respecto a la manera de encontrar su felicidad.* Casi siempre me cuentan cuán infelices las hacen sus maridos, sus hijos, el trabajo, alguna amiga o algún miembro de su familia. No han comprendido que la realización de una persona no depende de cuán adecuadas son las cosas, personas o circunstancias que le rodean en esa etapa de su vida, sino de cuán adecuada, de cuánta capacitación, o cuán buenas herramientas usen para enfrentar a las personas, cosas o circunstancias que le rodearán en toda la vida.

Mi meta es que usted entienda que su realización no depende de lo externo, sino de lo interno y que nadie es responsable de hacer que usted viva sabiamente, sino que es responsable de vivir sabiamente aunque esté rodeada de personas que actúan en forma necia.

Después de leer este libro mi meta es que usted entienda que su realización no depende de lo externo sino de lo interno y que nadie es responsable de hacer que usted viva sabiamente, sino que es responsable de vivir sabiamente aunque esté rodeada de personas que actúan en forma necia.

El cristianismo y la mujer

Ningún sistema religioso ha exaltado a la mujer a un estatus tan alto como el cristianismo. Dios no creó a Eva para que llenara el vacío de la vida de Adán, la creó para que junto a Adán vivieran para la gloria de Dios y juntos pudieran cumplir su mandato de gobernar la tierra. La mujer no fue creada para satisfacer una necesidad social o sexual de Adán, sino para completar el propósito de Dios con los humanos. Eva no era necesaria para cumplir los deseos de Adán, sino para cumplir el mandato que Dios le entregó a Adán de gobernar la tierra. La Biblia afirma repetidamente en sus páginas que la mujer es valiosa delante de Dios y que no fue creada como resultado de un pensamiento de último minuto; fue creada porque así Dios lo había predeterminado. La mujer es honrada por ser mujer, creada por Dios para ser mujer y para que mediante el cumplimiento del propósito de su creación, exalte al Dios que la creó. La Biblia exalta la feminidad y anima a la mujer a ser lo que Dios determinó que fuera.

Toda mujer debe estar agradecida con Jesucristo, ya que realmente hizo entender en forma práctica el valor y la dignidad que Dios le dio. Los romanos usaban a las mujeres para divertirse, los griegos para satisfacer sus pasiones, los judíos para que fueran las madres de sus hijos, pero solo Jesús y el cristianismo enseñaron y demostraron la dignidad de la mujer, que es igual que el hombre delante de Dios y, por lo tanto, frente a todo ser humano y en toda raza, cultura o sociedad.

¡Viva la diferencia!

Debo admitir que no siempre disfruté las diferencias que tengo con mi esposa. Hubo una temporada de mi vida en que las diferencias no solo me producían impaciencia sino además, molestia, rechazo y apatía. Tuve que hacer un serio esfuerzo para aprender a vivir con las diferencias, lo cual plasmé en mi libro *Para matrimonios con amor*, en el que la premisa es que Dios no nos hizo diferentes para atacarnos constantemente, sino para apoyarnos mutuamente.

Quisiera que las mujeres que hacen tantos esfuerzos por propulsar la perspectiva de que los géneros, salvo por ciertas diferencias, son iguales, no me incluyan a mí ni a las mujeres que entienden que Dios nos hizo totalmente distintos, pues ellas y yo estamos felices de ser diferentes. Me encantan las mujeres, me agrada su mundo y me parece que la vida no sería vida sin ellas o si ellas fueran iguales a nosotros.

Me encanta que la mujer sea diferente al hombre y lucho para que por el solo hecho de que lo es, no sea infravalorada. Creo que los cristianos maduros y bien informados nos oponemos a esa idea y que la mujer debe defender sus derechos, pero no debe llegar al extremo de atacar ni asumir una actitud hostil con el hombre.

Por otro lado, defiendo con todo mi corazón la igualdad. Pero con la idea divina de que disfrutemos de las diferencias y que no tratemos de ser iguales. Creo que somos iguales y Dios nos ama a hombres y mujeres por igual, aunque determinó que por asuntos de organización, el hombre fuera el líder de su familia. Esta organización en la administración de la vida familiar, de ninguna manera significa superioridad o inferioridad. La superioridad abre la puerta a la tiranía y la dominación, mientras que la inferioridad a la subyugación y la opresión, pero ese no es el sistema que entiende todo buen intérprete de las Escrituras.

Creo que las mujeres, igual que los hombres, son personas con valor y dignidad, que cada una de ellas, independientemente de cómo piensen y actúen los hombres que la rodeen, y cada hombre, independientemente del pensar y actuar de las mujeres que le rodeen, debe pensar, vivir y actuar con todo el valor y la dignidad que Dios le dio. Vivir con una menor visión y determinación que esta que intento expresar realmente no es vivir ni cumplir el propósito de Dios con nuestra creación.

Muchas mujeres no se conocen profundamente y por ello no pueden suplir sus necesidades sabiamente. Muchas otras no saben amarse a sí mismas como deberían y por ello no son buenas mayordomas de su vida. Muchas mujeres, en algunas áreas de sus vidas, no han buscado desarrollarse para alcanzar la madurez y por ello experimentan la insatisfacción que produce la inmadurez. Muchas otras tienen ideas erróneas con respecto a la manera de encontrar su felicidad, por lo que culpan a otros de ello. Conocer, amarse, buscar la madurez y entender que solo al cumplir el propósito de su creación pueden alcanzar su realización, son acciones obligadas de toda mujer que quiere vivir una vida fructífera y realizada.

1

La mujer con ansiedad:
Persona afanada que necesita enfocarse

---

*Toda persona tiene preocupaciones,
pero cuando la mujer determina involucrarse en más actividades y adquirir más
compromisos que los que puede cumplir
responsablemente, vive tensionada en
un mundo deprimente. Cuando decide
sobrecargarse, no solo pierde el enfoque
sino que, además, se destruye lentamente
y hiere a otros constantemente.*

Es imposible vivir saludablemente sin tener algunas preocupaciones, pero es posible evitar determinadas preocupaciones que nos pueden impedir vivir saludablemente. Cierto nivel de estrés, de preocupación, no es malo; pero vivir estresadas y preocupadas, es absolutamente destructivo. Estoy convencido de que es imposible ser feliz y vivir inundada por las preocupaciones.

La gente más feliz rara vez es la que no tiene problemas. Las personas más felices no necesariamente son las más ricas o las más hermosas. No necesariamente son más felices los más inteligentes o los que han alcanzado mayores logros académicos. La gente más feliz que he conocido, no es gente dependiente de vicios o aquellos que hacen que gran parte de su vida gire en torno a la diversión, el descanso y el esparcimiento. He notado que los más felices no son los que dependen de algo exterior para motivar o alegrar su interior. Los felices no dependen de la comida ni la bebida, no dependen de la ropa que visten ni de cómo lucen.

La gente más feliz es la que ama a Dios, que sabe que Él le ama y cuya única meta es vivir una vida agradable a Dios. Esa gente trata de cambiar su interior pues sabe que no es lo que está fuera de su vida lo que le destruye, que no es lo que entra en su vida lo que le hace infeliz, sino lo que sale de su interior como producto de las experiencias, encuentros, ataques, desprecios, cariño, aprecio que provienen del exterior.

La gente que tiene paz interior, por su relación apropiada con Dios y por consiguiente con la vida, disfruta de las cosas más sencillas, así como de las complicadas. No pierden el tiempo codiciando las cosas, circunstancias o personas que pertenecen a otros. Ni creen que el nombre de Dios es «Yo era». Los seres felices no creen que lo más grandioso siempre es asunto del futuro, por lo que tampoco creen que el nombre de Dios es «Yo seré». Creen en el Dios cuyo nombre significa «Yo soy» y por ello disfrutan al máximo el presente, lo que ellos son y lo que tienen. Disfrutan de los grandes y de los pequeños, se relacionan sabiamente con uno u otro sexo y son adaptables y enseñables. Mueven su embarcación utilizando los vientos, vengan de donde vengan, y vayan adonde vayan, pues no son los vientos los que determinan su rumbo, sino la forma en que manejan su timón. Las mujeres felices disfrutan luchando y no se sienten culpables descansando, se preocupan por los demás y por ellas mismas. Los hombres y mujeres felices saben de dónde vienen, porque están aquí; saben adónde van y han aprendido a amar de la forma que Dios quiere. Los hombres y las mujeres felices no viven llenos de ansiedad pues han aprendido a ser responsables de cambiar

Las mujeres que experimentan felicidad son las que disfrutan luchando y no se sienten culpables descansando, las que son intensas y fuertes cuando es necesario y relajadas cuando es apropiado. Estas mujeres sabias saben que el mundo no gira en torno a ellas, ni son esclavas de los demás. Más bien se preocupan responsablemente por los demás y se preocupan sabiamente de ellas mismas.

con la ayuda de Dios lo que es cambiable, es decir, aquello que Dios ha determinado que es su responsabilidad cambiar, y han aprendido a confiar en Dios en cuanto a las cosas que son inmutables y que solo un milagro divino podría cambiarlas.

La ansiedad, sutil enemiga

La ansiedad es una sutil enemiga que persigue constantemente a la mujer. Ellas son tan sensibles que pueden irse al extremo de la hipersensibilidad y tan responsables que pueden ser dominadas por la ansiedad.

Todo el mundo experimenta miedo y todos en algún momento sentimos ansiedad. El miedo es una respuesta emocional, fisiológica y del comportamiento que nos inunda cuando estamos frente a una amenaza externa. En cambio, la ansiedad es un estado emocional desagradable que tiene una causa menos clara y a menudo se acompaña de cambios fisiológicos y del comportamiento, similares a los causados por el miedo. A causa de esas similitudes, a veces se usan los términos ansiedad y miedo de forma indistinta.

La ansiedad es una respuesta al estrés que experimentamos cuando enfrentamos situaciones que nos presionan. Esta puede acosarnos debido a la destrucción o amenaza de destrucción de una relación interpersonal importante o a la presión que sentimos cuando tenemos tareas que cumplir y nos sentimos impotentes. La ansiedad indica presencia de un conflicto e impotencia para confrontarlo. La ansiedad puede aparecer súbitamente, como el pánico, o gradualmente a lo largo de minutos, horas o días. La duración de la ansiedad puede ser muy variable, desde unos pocos segundos hasta varios años. Su intensidad puede ir desde una angustia apenas perceptible hasta un pánico bien manifiesto. La Biblia no enseña que es pecado sentir ansiedad sino que nos enseña que no debemos dejarnos dominar por los estados de ansiedad; que no debemos permitir que escalen al punto que nos afecten tan profunda y personalmente que nos hagan vulnerables, nos dominen y muevan a tener conflictos con otras personas.

Un ejemplo antiguo de un problema actual

En la Biblia, en Lucas capítulo 10 versículos 38 al 42, aparece una historia antigua que nos muestra un problema actual. Es el problema del afán excesivo y su producto, la ansiedad.

La historia es acerca de una mujer llamada Marta, pero existen muchas mujeres que aunque no tienen el mismo nombre, sufren del mismo problema. El tipo de mujer descrita aquí como Marta puede ser soltera o casada, joven o anciana, puede ser una nueva cristiana o una persona que ha disfrutado del cristianismo por muchos años, puede ser una persona con mucho dinero o con dificultades financieras. Las Martas de este mundo son del tipo de mujeres serviciales y dispuestas a dar su vida por otros, pero debido a su dedicación extrema, viven excesivamente preocupadas.

Exhortación sabia para una confusión común

En la Biblia, en Lucas capítulo 10 versículos 38 al 42, se nos presenta el relato de una visita que realiza Jesucristo a una familia de amigos:

> Aconteció que yendo de camino, entró en una aldea; y una mujer llamada Marta le recibió en su casa. Esta tenía una

hermana que se llamaba María, la cual, sentándose a los pies de Jesús, oía su palabra. Pero Marta se preocupaba con muchos quehaceres, y acercándose dijo: «Señor, ¿no te da cuidado que mi hermana me deje servir sola? Dile pues, que me ayude». Respondiendo Jesús, le dijo: «Marta, Marta, afanada y turbada estás con muchas cosas. Pero solo una cosa es necesaria; y María ha escogido la buena parte, la cual no le será quitada».

Creo que no podemos dejar de sonreír al leer lo que ocurrió en esta historia, pero tampoco debemos permitir que aflore nuestra tendencia a condenar a alguien que actúa, seguramente tal como lo hubiéramos hecho muchos de nosotros. Marta, como muchas de mis lectoras, era una mujer responsable, consciente y determinada a cumplir sus labores. Recuerde que ella estaba preparando una comida pues la visita era importante; Jesucristo, su Salvador, llegaría a su casa. Sin duda este tipo de visitas no se recibía a cada instante. No todos los días estaba en su casa el Maestro.

Marta tenía una hermana que determinó su propio plan. En otras ocasiones ella le ayudó, pero María no quiso hacerlo en esa ocasión tan especial y por ello se sentía muy presionada. Enojada, Marta decidió acusar a Maria pero, como si la presión que experimentaba no fuera lo suficientemente mala, se da cuenta de que Jesucristo, en vez de corregir a María, la defiende y la corrige a ella y para agravar más la situación, se atrevió a decirle que ella era una mujer preocupada en exceso. Esa sabia exhortación de Jesucristo es también necesaria para muchas mujeres en este tiempo. Jesús le dijo a Marta:

Marta, Marta, afanada y turbada estás con muchas cosas. Pero solo una cosa es necesaria; y María ha escogido la buena parte, la cual no le será quitada.

Descripción sencilla de un estado complicado

Marta se encontraba en un estado complicado. Se sentía abrumada por las tareas que se había autoimpuesto. Nadie le ordenó que hiciera lo que voluntariamente decidió hacer. Siempre que determinamos imponernos obligaciones que no podemos cumplir sin provocar un estado estresante, complicamos la vida, no la facilitamos.

En el versículo 41, el término griego con que Jesús describe a Marta significa «estar dividida». El Señor le dice: «Marta tú estás dividida, las tareas que te autoimpusiste son tan duras que ni una docena de Martas podrían ser capaces de cumplirlas y eso no es lo que precisamente necesito de ti, ni lo que es bueno para ti».

En palabras sencillas y en términos de nuestros días, Jesús podría haberle dicho a su afanada anfitriona lo siguiente: «Marta, Marta, ¿Por qué te creas tantas presiones? ¿Por qué te autoimpusiste tantas obligaciones al punto que tienes tu mente dividida? Marta, todo lo que yo quería era departir con ustedes y comer algo. No necesitabas dejar la casa brillante y sacar la mantelería fina y la vajilla china, solamente podrías haber preparado una buena sopa y hubieras tenido más tiempo de departir y menos

> *Siempre que determinamos imponernos obligaciones que no podemos cumplir sin provocar un estado estresante, complicamos la vida, no la facilitamos.*

presiones, en vez de más presiones y más tiempo para preocuparte».

La palabra «turbada» describe a una persona aturdida al punto que no puede hablar ni proseguir en lo que estaba haciendo. Turbar es interrumpir violenta o inciertamente la quietud. Afanarse es entregarse con ahínco a un excesivo y duro trabajo con un anhelo vehemente, más allá de lo que podemos soportar; es como sentirse estrangulado, lleno de ansiedad y preocupación.

Muchas mujeres tienden a preocuparse al extremo por cosas que no merecen tanta atención. La ansiedad es un sentimiento de pánico y quienes lo experimentan se dan cuenta de que su mente va de lugar en lugar, de recurso en recurso, de pensamiento en pensamiento y cada vez experimenta más incertidumbre al punto que no sabe cómo tratar aquella situación. La mujer ansiosa siempre está pensando que viene algo peor, nunca algo mejor y esa preocupación le va cegando paulatinamente al punto que no tiene claridad para actuar. Muchas veces las cosas que a uno le han preocupado son muy pequeñas, pero debido a la excesiva preocupación las ha convertido en conflictos gigantescos.

La oficina de medidas de Estados Unidos, en Washington, hizo un importante reportaje diciendo que la densa niebla que cubre por lo menos siete manzanas de una ciudad y que podría tener una profundidad de treinta metros corresponde solamente a un vaso de agua. Es decir, si usted juntara todas las partículas de la neblina que están en toda esa extensión, lo único que lograría acopiar sería un vaso de agua. Ese vaso de agua está dividido en más de sesenta mil millones de pequeñas partículas. Sin embargo, debido a que esas partículas están desparramadas en una extensión de unas siete manzanas, dejan aquel lugar prácticamente nublado. De la misma manera opera la excesiva preocupación por nuestra vida. Juntamos tantas pequeñas cosas que producimos grandes preocupaciones que nublan nuestra vida y nos hacen sentir impotentes.

Manifestaciones habituales de un problema común

La mujer con ansiedad es una persona que pierde su enfoque y objetividad. La ansiedad, ese temor de que ocurra algo que no quisiéramos, temor de que no podamos cumplir algo con que nos hemos comprometido, no llega y se va sin consecuencias. En la vida de Marta, la ansiedad trajo serias consecuencias y María, su hermana, y Jesucristo, su Maestro y amigo, fueron testigos. Observe lo que ocurrió con ella:

Impotencia y frustración. La preocupada Marta se dio cuenta de que no cumpliría con las obligaciones que ella misma se había impuesto. Se sintió incapaz de hacer todo lo que se había imaginado que podía para complacer a su Maestro. Esa impotencia le propició un sentimiento de frustración y se sintió desilusionada y fracasada.

Impaciencia e ira. Marta observaba el panorama y se percataba de que no podría cumplir con sus objetivos. Se sintió impaciente, pues quería que las cosas ocurrieran, pero no lo hacían. Ella quería ver la casa brillante, la comida deliciosa y terminada, pero el tiempo no le alcanzaba. La impaciencia comenzó a producir un poco de molestia, más tarde experimentó irritación y finalmente demostró su ira al atacar a su hermana y aun al propio Jesús, a pesar de que era su visitante, su amigo, aquel a quien ella quería servir. Estaba molesta

Todos experimentamos presiones en la vida pues debemos realizar grandes esfuerzos para vivir con excelencia, pero ocuparse al punto de vivir tensionada y deprimida es un acto de imprudencia.
Toda mujer que se ha autoimpuesto demasiadas tareas y obligaciones, vivirá una vida caracterizada por las tensiones y depresiones.

porque Jesús no le llamó la atención a su hermana a pesar de que se había dado cuenta de que ella necesitaba ayuda en la cocina.

Precipitación y apuro. Marta estaba preocupada y quería cumplir sus metas rápidamente. No calculó bien cuánto tiempo necesitaba para estar lista. Ni pensó que no tendría ayuda pues era algo que había determinado sin consultar con los demás. Creía que el Maestro estaba esperando exactamente lo que ella estaba haciendo y en el momento que ella lo determinó, por lo que se apuraba para, según ella, satisfacerlo.

Marta estaba actuando como nosotros que batallamos con el mismo síndrome del apuro, que es parte de esta sociedad moderna. Vivimos vidas apuradas porque hemos elegido aumentar y cambiar nuestras prioridades, hemos decidido aumentar nuestros quehaceres y por lo variado de nuestra participación y los compromisos adquiridos, no somos capaces de cumplirlos. Vivimos dominados por la precipitación y el apuro que nos impiden cumplir los compromisos excesivos que hemos adquirido.

Temor y pánico. El temor de no cumplir con su objetivo motivó el pánico de Marta. Estaba asustada porque no podría atender al Maestro como se lo merecía. Ella sentía que no estaba atendiéndolo como lo había planificado, aunque el Maestro ni siquiera lo esperaba. Ella se creó un temor innecesario como muchos de los que nosotros nos creamos. La gran verdad es que nuestra sociedad está llena de fobias y existen muchos temores que diariamente nos asaltan. Un artículo de la revista *Newsweek,* del 23 de abril de 1984 que fue titulado «Fobias», nos presenta el caso de la señora Marjorie Goff; que permaneció en su casa por más de treinta y un años hasta que llegó a la edad de sesenta y uno, porque tenía miedo de salir. Vivía afanada, turbada y movida por los temores.

> *Cuando nos planteamos tareas tan grandes que no podemos cumplir solos, tenemos la tendencia a querer meter a los demás en nuestros planes personales; y al no recibir la respuesta que buscamos, los confrontamos, los herimos y muchas veces los maltratamos.*

Muchas personas viven con un afán tan desmedido que genera turbación, por lo que viven atemorizadas de perder su trabajo, de no poder cumplir con sus compromisos económicos y muchas otras preocupaciones. Otras están llenas de temor y pánico al punto que no pueden responder de una manera adecuada a la vida.

La crítica irrespetuosa y el ataque directo

El estado de frustración por la impotencia de no cumplir lo que ella se había autoimpuesto, llevó finalmente a Marta a un estado de desesperación que produjo crítica irrespetuosa y un ataque personal directo. Eso es lo que generalmente ocurre. Nos planteamos tareas o nos imaginamos metas y esperamos que otros sean parte de nuestros planes. Es increíble que debido a nuestra situación personal, debido a que hemos establecido metas que no podemos cumplir, involucremos a otras personas, las critiquemos irrespetuosamente y ataquemos aun a quienes amamos y queremos servir.

CONSEJOS BÍBLICOS PARA EVITAR EL AFÁN EXCESIVO

Cuando nos afanamos excesivamente nos convertimos en personas ansiosas que no pueden enfrentar sabiamente las circunstancias de la vida. En Mateo, capítulo 6, es el mismo Jesucristo quien entrega una serie de enseñanzas para que aprendamos a evitar vivir llenos de ese tipo de ansiedad destructiva que afecta a uno y a los que le rodean. Observe algunas de las enseñanzas directas de un Maestro tan sabio.

La palabra «afán» aparece en Mateo 6 en los versículos 25, 27, 28, 31 y 34. Este es el mismo término que el Señor usó en Lucas capítulo 10 para decir: «Marta, Marta, estás afanada y turbada». Esto significa estar dividida, distraída, estar partida por la obligación de irse en diferentes direcciones. Si usted tiene que mirar un objeto que está enfrente suyo, no tiene problema para enfocarse en él, pero si tiene que mirar seis o diez objetos y todos están en movimiento, entonces es muy difícil y hasta imposible enfocarse en todos a la vez. Eso es lo que ocurre cuando uno se autoimpone demasiadas tareas u obligaciones. Eso había elegido Marta. Eligió autoimponerse demasiadas obligaciones que finalmente no pudo cumplir. Eso es lo que también nos ocurre cuando nos autoimponemos demasiadas tareas y por ello nos llenamos de preocupaciones. Por supuesto, existen preocupaciones necesarias y adecuadas, pero otras son innecesarias y nos destruyen.

Jesucristo entrega algunas lecciones que debemos aprender si queremos evitar vivir dominados por el afán.

Es un error llenarse de ansiedad por las cosas esenciales de la vida

El versículo 25 dice que si sabemos depender de Dios y vivir como nos ordena, si determinamos vivir con la responsabilidad que Él demanda y la integridad que es indispensable, Él tendrá cuidado de nosotros y se asegurará de que tengamos las cosas esenciales que necesitamos para vivir. Por ello no debemos afanarnos al punto de sentirnos angustiados por suplir nuestras necesidades elementales. Por supuesto, debemos ser responsables y actuar con sabiduría en lo que nos corresponde, pero no debemos dejarnos destruir por el afán.

> *La mujer vivirá frustrada si a su marido intenta cambiar, porque se llena de ansiedad quien intenta lograr lo que es imposible realizar.*

El Señor nombra las tres cosas que son esenciales para la vida. Menciona el comer, el beber y lo que vamos a vestir. Jesús pregunta: «¿No es la vida más que el alimento, y el cuerpo más que el vestido?» Nuestra obvia respuesta es «sí». La vida es lo más importante y no debemos destruirla con nuestro sistema de ansiedad afanándonos más de lo normal por las cosas esenciales. El Señor nos pone el ejemplo de los pájaros, que no siembran ni cosechan, pero es el Señor el que les provee para su subsistencia. Enseña que debemos imitar la falta de ansiedad de los pajarillos, pero de ninguna manera

Jesucristo está diciendo que debemos vivir como pájaros. La enseñanza de Jesús es que si nosotros aprendemos a depender de quien nos creó por fe y cumplimos las responsabilidades que nos corresponden, no necesitamos afanarnos al punto que desesperemos por las cosas esenciales de la vida, pues cuando llevamos una vida de sujeción y obediencia, Dios se encarga de que ninguna cosa esencial nos falte.

Es un error llenarse de ansiedad por tratar de cambiar lo imposible

En el versículo 27 Jesús formula una pregunta evaluadora: «¿Y quién de vosotros podrá, por mucho que se afane, añadir a su estatura un codo?»

El deseo del Maestro es plantear una pregunta retórica que tenga una respuesta obvia. Su propósito es ilustrar algo que no se pueda cambiar. Jesucristo usa la imposibilidad de cambiar el tamaño de una persona pues es obvio que es imposible modificar la estatura, pero si es posible que la persona viva afanada y entristecida porque no tiene la estatura que desea.

Hay algo más que también es obvio. El Señor dio un solo ejemplo, pero sabía que no era el único que existía; como nosotros también lo sabemos. Existen muchas mujeres que viven afanadas y amargadas porque no pueden cambiar a sus cónyuges o a sus hijos. Intentan cambiarlos, presionan, utilizan el enojo, el cariño, el aprecio o los ignoran, los maltratan y utilizan muchos otros medios de presión y se frustran y angustian porque no lo logran. Mi consejo, basado en las palabras de Jesús es, que deje de intentar lo imposible porque vivirá frustrada; ya que nadie puede cambiar a otra persona, pese al método que use. Usted está tratando de lograr lo que es imposible y, según las palabras de Jesús, es por eso que se llena de ansiedad.

Es un error llenarse de ansiedad por lo que pensamos que ocurrirá mañana.

Cometemos un serio error cuando nos comenzamos a preocupar por cosas que ni sabemos si ocurrirán mañana. Debemos vivir con prudencia, evitar lo evitable, prepararnos para ser personas sabias y con gran conocimiento, pero solo debemos esperar que lleguen las cosas que tienen que llegar y cuando estamos frente a ellas, recién tenemos la responsabilidad de buscar soluciones y de lidiar con los afanes que traen. El otro lado de la moneda es que es nuestra responsabilidad aprender del pasado, pero comprender que no podemos cambiarlo. También debemos vivir sabiamente en el presente para evitar consecuencias malas en el futuro y, además, planificar ordenadamente y con sabiduría el futuro para cumplir el propósito de nuestra vida y vivir plenos. Pero es un error desesperarnos por buscar solución a algo que aún no ocurre y que no sabemos si ocurrirá. Recuerde que Jesús dice que cada día trae su propio afán y, por lo tanto, debemos enfrentar ese afán cuando esté ocurriendo aquello por lo que hemos tenido una saludable preocupación. Insisto, esto no significa que no debemos planificar la vida ni

> *Es erróneo y decepcionante llenarse de ansiedad por lo que pueda ocurrir en el futuro y que no tenemos cómo anticipar; es sabio vivir doctamente en el presente para saber cómo enfrentar sabiamente las experiencias que en el futuro enfrentaremos inevitablemente.*

Cada día tiene sus presiones, cada día tiene sus tensiones y debemos enfrentarlas con responsabilidad y paciencia, pues solo así tendremos una vida de excelencia. La mujer debe decidir vivir con gran responsabilidad, pero no solo debe preocuparse sabiamente de los demás, sino también de ella y recordar que no es solo cuerpo lo que se debe proteger, sino que también hay emociones que cuidar y un espíritu que alimentar.

prevenir los males del mañana, significa que debemos enfrentar con responsabilidad el presente para evitar consecuencias en el futuro.

Una mujer no puede cambiar a su cónyuge, por lo tanto, no debe afanarse por lograr un objetivo inalcanzable, ella no sabe cómo actuará él en el futuro, por lo tanto, debe esperar hasta que llegue el momento de su actuación para elegir la reacción debida. La mujer no sabe si él será fiel, responsable, amable, adúltero, cariñoso o indiferente, por lo tanto, es un error vivir preocupada por lo que puede ocurrir. Ella debe disfrutar del marido que en el presente es fiel, responsable y amable, y confrontarlo sabiamente si es adúltero y ha decidido vivir destructivamente. Ella no debe llenarse de ansiedad por la posibilidad de que en el futuro actúe pecaminosamente, pero si en algún momento se convierte en infiel o irresponsable, entonces ella debe enfrentar los afanes que traen esas experiencias, esos días de nuevas vivencias, y lidiar con su realidad con energía, prudencia y sabiduría. Es en el momento que ocurren las cosas cuando debemos actuar, pues cuando postergamos las obligaciones presentes nos preparamos para vivir afanados en el futuro.

Observe la sabia enseñanza que aparece en el versículo 34: «Así que, no os afanéis por el día de mañana, porque el día de mañana traerá su afán. Basta a cada día su propio mal».

Cada día tiene sus presiones, cada día tiene sus tensiones y debemos enfrentarlas con responsabilidad y paciencia, de modo que tengamos una vida de excelencia.

En el versículo 23 nos dice cómo debemos vivir. Jesucristo señala que lo que necesitamos es tener un serio compromiso con Dios y con su reino. El mandato de Jesús es que nos preocupemos por vivir rectamente conforme a las exigencias del Rey de nuestras vidas, el Cristo al que decimos servir, y no conforme a nuestras ideas o a las presiones de la gente. Es que si vivimos justamente, disfrutaremos de una vida apropiada, pero no podemos vivir con afanes destructivos viviendo una vida desordenada. Lo que necesitamos es comprometernos con la persona y con el reino de Jesucristo, comprometernos con la justicia de Dios, y Él se encargará de añadir todo lo que crea necesario, indispensable y conveniente.

Cuando nos llenamos de ansiedad, nos olvidamos de la gran preocupación que Dios tiene por nosotros y vemos los conflictos como tragedias, los problemas en la familia como experiencias destructivas y no aprendemos a enfrentar eso con sabiduría. Cuando nos llenamos de ansiedad nos olvidamos de cuán importantes somos para Dios y de cuánta dignidad nos ha dado.

Por supuesto, Dios nos da mucho más valor que a las aves; y si las sustenta a ellas, con mayor razón proveerá lo esencial para nosotros.

La ansiedad nos hace enfocarnos en lo imposible y no darles la importancia que tienen las cosas que si se pueden cambiar. La ansiedad que es producida por nuestro enfoque en querer cambiar lo imposible nos enceguece, nos limita, nos abruma y nos hace descuidar de hacer las cosas que podemos realizar.

La ansiedad por atender a su familia y convertirse en la única sustentadora de su marido y sus hijos, hace que una mujer se desenfoque y se olvide que ella no solo debe preocuparse sabiamente de los demás, sino también de ella y recordar que ella no es solo cuerpo lo que se debe proteger, sino que también hay emociones que cuidar y un espíritu que alimentar.

En otro de sus ilustradores ejemplos, Jesucristo dice que Dios hermosea y viste bellamente a las plantas que en algún momento se acaban y a la hierba que será echada en el horno. Si Dios se preocupa por suplir las necesidades y hermosear lo que será destruido, nos preguntamos cómo podemos imaginarnos que ese mismo Dios no hará mucho más por nosotros. El mensaje de Jesucristo es: «Hombres de poca fe, cuando están llenos de ansiedad, su fe va feneciendo porque se van olvidando de las promesas de Dios y se vuelven autosuficientes y desconfiados de lo que Yo puedo hacer».

La promesa de Dios es que nunca dejará a sus hijos mendigando pan, que tendrá cuidado de nuestras necesidades, que nos dará lo que realmente necesitamos, aunque no siempre nos dé lo que tanto anhelamos. Nuestro Dios está listo para suplir nuestras necesidades, aunque de ninguna manera nuestra avaricia ni nuestra codicia.

El sabio apóstol Pablo escribe a los romanos en el capítulo 8, versículos 31 y 32, y les entrega una extraordinaria promesa divina que por extensión se aplica a nosotros. Dice:

¿Qué, pues, diremos a esto? Si Dios es por nosotros, ¿quién contra nosotros? El que no escatimó ni a su propio Hijo, sino que lo entregó por todos nosotros, ¿cómo no nos dará también con él todas las cosas?

Si nuestro Dios fue capaz de entregarnos a Jesucristo para que muriera por nosotros porque era esencial para ofrecernos salvación, también es capaz de darnos todas las cosas que son esenciales para nuestra subsistencia. Espero que estas palabras traigan ánimo a quienes se encuentran en situaciones difíciles, a quienes están presionadas por tareas que cumplir, aquellas que están estudiando y deben ser disciplinadas para cumplir con sus obligaciones. Que la promesa divina de suplir para nuestras necesidades nos quite las ansiedades y que quienes están involucradas y sumamente ocupadas en tratar de sostener su vida familiar, quienes tienen la tendencia a llenarse de ansiedad y por ello olvidarse paulatinamente de las promesas de Dios, encuentren animo en la verdad bíblica que demuestra la permanente vigilancia, protección y provisión que Dios realiza con tanta calma y seguridad para los humanos, que a veces erróneamente tendemos a vivir bajo ansiedad.

LECCIONES IMPORTANTES QUE DEBEMOS APRENDER

La respuesta de Jesús a la afanada Marta y las enseñanzas que compartió con sus discípulos dejan importantes lecciones que toda mujer que desea aprender a tratar sabiamente sus tensiones y frustraciones debe practicar. Permítame compartirlas con ustedes. Recuerde que no son lecciones para admirar o

memorizar, sino acciones que con determinación y persisten-
cia debemos realizar:

*Evite planificar metas que vayan más allá de sus fuerzas
y capacidades*

Nosotros no tendemos a vivir vidas ordenadas con límites
bien establecidos. Marta no supo ponerse límites. Marta se
autoimpuso una serie de tareas y por no poder cumplir lo que
ella se imaginó que realizaría en el tiempo que necesitaba,
se sintió frustrada. Note la triste paradoja. Debido a que se
sintió impotente, Marta trató inapropiadamente a la persona
que quería servir. Cada vez que nos autoimponemos metas
que sobrepasan nuestra capacidad, terminamos frustrados.
Siempre que elegimos objetivos que exceden nuestra capacidad o un tiempo inadecuado para lograr lo que deseamos,
terminamos frustrados. Cada vez que planificamos con una
buena dosis de realidad tenemos la posibilidad de vivir con
más tranquilidad.

Evite exigirles a otros las tareas que usted sola se ha impuesto

Si desea cumplir ciertas tareas, planifíquelas razonablemente y
cumpla con responsabilidad, pero no cometa el error de incluir
en su programa, en sus planes, en los pasos que debe dar, a
otras personas que no tienen sus mismas metas e intereses por
cumplir con esa responsabilidad. Si desea completar algún
proyecto y por su tamaño necesita la colaboración de otras
personas, no suponga que los demás le van a ayudar. Si desea
tener invitados y atenderlos bien y necesita la ayuda de otros,
no asuma que los demás harán lo que usted espera. Es impres-

cindible que todo proyecto que requiera de otras personas sea discutido con ellas y llegue a un acuerdo de participación, de modo que dividan las responsabilidades con claridad. Nunca suponga que los demás saben exactamente lo que usted quiere hacer, que comprenden cómo y cuándo deben hacerlo para lograr el objetivo que usted se planteó. Usted siempre vivirá afanada tratando de que otros cumplan lo que planificó sola y se llenará de afán y decepción cuando los demás no muestren interés en lo que quiere que ellos se interesen.

Evite reaccionar movida por su ansiedad

Cada persona puede tener el suficiente discernimiento para darse cuenta de cuándo está reaccionando inapropiadamente y atacando a las personas. Toda persona sabe cuando la frustración que experimenta por su exagerado plan le está motivando a una reacción errónea. No tenemos derecho de maltratar a nadie nunca y menos por la ansiedad que sintamos por nuestra propia culpa. Aunque nuestros seres queridos no hagan lo que deben o lo que nosotros esperamos, no tenemos derecho a reaccionar indebidamente, mucho menos cuando como en el caso de Marta, lo que esperamos es porque nosotros así lo planificamos sin haber llegado a un acuerdo previamente.

Debemos evitar reaccionar presionados por la ansiedad que experimentamos pues esta nos hace enfocar en los defectos y no en las virtudes de las demás personas. La ansiedad nos hace ver las diferencias como negativas y no como positivas y por la molestia que sentimos nos puede mover a atacar a quienes hemos decidido servir y amar.

Evite preocuparse por lo imposible y cumpla lo posible

Cuando la ansiedad golpea las puertas de su mente y busca con insistencia la forma de entrar, recuerde lo que dice el versículo 33: «Mas buscad primeramente el reino de Dios y su justicia, y todas estas cosas os serán añadidas».

Jesucristo no nos sugiere, nos ordena que busquemos como prioridad el reino de Dios. Eso significa que determinemos vivir bajo las leyes del Rey y del reino. Es imperativo someternos a la voluntad de nuestro Rey Jesucristo. Se nos ordena hacer lo que Él dice, vivir con la responsabilidad que Él demanda, amar a nuestras familias como Él enseña, pues así deben vivir los que voluntariamente han elegido morar en el reino de Dios. La mujer debe elegir ser una buena mayordoma de su vida, como Dios lo exige, hacer lo que debe como se requiere en el reino. Debe cumplir con responsabilidad lo que es posible y dejar lo imposible en las manos del Rey del imperio. Dios nunca se equivoca, nunca hará nada malo, nunca nos fallará, nunca nos abandonará. Dios siempre actuará con justicia porque es un Dios justo y hará lo mejor para nosotros. Recuerde que para evitar ser destruida por los afanes, hay dos días en cada semana que nunca deben moverle a la ansiedad. Estos son, el día de ayer, que pasó, y el día que vendrá, el mañana.

Deje de vivir preocupada y elija una vida sobria y bien planificada

Una vida preocupada es una vida turbada. ¿Recuerda las contundentes y reveladoras palabras de Jesús a Marta? Note el diagnóstico preciso del gran Maestro: «Marta, Marta, afanada y turbada estás con muchas cosas». Una vida llena de preocupación promueve la perturbación, genera impaciencia y ofuscación. En cambio, la vida sobria es templada, ponderada, equilibrada, prudente y moderada. Una persona sobria es sensata, sencilla y vive razonablemente. La preocupación crece fuertemente en el terreno lleno de indecisión o de las decisiones que nos meten en la exageración. La preocupación se alimenta de la falta de preparación que lleva a la decepción. La preocupación se alimenta de la inseguridad y la incapacidad, y se motiva por la falta de planificación, la falta de organización y la terrible postergación.

La preocupación excesiva no solo destruye a quien la experimenta regularmente sino aun a quienes a menudo le rodean.

El afán destruye a las personas, a las relaciones interpersonales y produce daño espiritual. La turbación asalta nuestra fe y nos deja a expensas de nuestros temores. El afán nos hace negar las promesas de Dios y nos motiva a ser desobedientes. El afán nos produce tal sensación de abandono que nos motiva a creer que Dios en vez de acercarnos y darnos sus promesas con amor, se aleja de nosotros y no comprende nuestro temor.

El no lidiar sabiamente con el estrés y permitir que nos controle el afán desmedido, produce daño emocional y no podemos vivir una vida saludable y normal. Las preocupaciones no atendidas apropiadamente destruyen nuestra paz y son un ataque a la de quienes nos rodean. Un estado de serio estrés produce una hipersensibilidad que nos hace ver más grandes los conflictos y más angustiosas las situaciones problemáticas. La constante ansiedad nos hace sentir impotentes, desesperados, por lo que nos irritamos y lloramos con más facilidad. Los médicos dicen que muchos de sus pacientes se sienten gravemente enfermos debido al estrés que tienen mientras otros son físicamente afectados por las tensiones emocionales que experimentan. Debido a esa preocupación permanente, muchas personas sienten un estado de turbación constante, sus cuerpos se sienten estrangulados, no pueden dormir, no pueden comer bien, y el poco alimento que logran consumir no pueden digerirlo. Debido al afán que resulta de sus exageradas autoimposiciones, algunas personas no pueden descansar, ni divertirse; no viven animados sino más bien preocupados, ansiosos y turbados.

La constante preocupación también afecta nuestras relaciones interpersonales. La irritabilidad nos mueve a reaccionar mal frente a los conflictos normales de la vida familiar. Al irritarse con facilidad, las personas hieren, atacan, maltratan, ignoran o se despreocupan de las personas que dicen amar.

Toda mujer tiene serias preocupaciones que el hombre ni siquiera reconoce. Existen cosas que pueden destruir a una mujer y que a un hombre ni siquiera le preocupan. Es que Dios nos hizo muy diferentes, no para que actuemos con egoísmo, sino para que vivamos comprensivamente.

He notado que cosas que para mí son absolutamente irrelevantes, para mi esposa son muy importantes. He observado que cosas que pueden causarme sonrisas o aun indiferencia, a mi esposa le producen tristeza y motivan su impaciencia. Pero el solo hecho de que su esposa tenga necesidades diferentes, no debe motivarlo a ser insensible e indiferente.

Nuestras esposas pueden dejarse dominar por el afán y vivir desenfocadas, pero somos los líderes de la familia, los maridos amorosos, los que podemos ayudarla a sentirse amada y orientada.

Nuestra responsabilidad como líderes y siervos es determinar cuáles son las exageraciones y exigencias insensibles del mundo femenino y cuáles las responsabilidades que debemos cumplir y las necesidades que debemos suplir conforme al diseño divino.

2

El hombre en el hogar:
Persona imperfecta que necesita aprender

*Ningún hombre sabe cómo ser un buen
esposo y padre en forma automática
y natural. Más bien todos tenemos
que aprender, pues nacemos con una
naturaleza pecaminosa y la tendencia
hacia el mal. Tanto el hombre como la
mujer deben reconocer que para hacer lo
correcto es necesario tener la disciplina
de aprender. Cuando decide sobrecargarse, no solo pierde el enfoque sino que,
además, se destruye lentamente y hiere a
otros constantemente*

Muchas mujeres me expresan que una de sus fuentes de frustración es la falta de apoyo de sus esposos. Muchas se sienten solas y abrumadas con la crianza de los hijos, las labores del hogar y mucho más cuando deben salir de sus hogares a trabajar. Algunos esposos no aprendieron ni quieren ayudar a sus esposas y ni siquiera son buenos proveedores económicos. Otros lo que hacen bien es generar buenos ingresos y sostienen bien a sus familias, pero no apoyan a sus esposas en el entrenamiento de sus hijos y las tareas domésticas. Otros hombres, a pesar de sus buenas intenciones, no han aprendido a ayudar en forma práctica a sus esposas y se convierten en proveedores económicos y ayudantes esporádicos de una mujer que no solo necesita el apoyo económico sino también el emocional, espiritual y físico.

He tenido que confrontar y aconsejar a muchos hombres que han compartido conmigo sus experiencias en la vida conyugal y he notado que la gran mayoría tiene las mejores intenciones de tener una buena convivencia. Estoy convencido de que una gran cantidad de nosotros no tenemos malas intenciones en nuestra relación con la mujer que elegimos para compartir toda nuestra vida. Nunca he conocido a un hombre que haya planificado hacerle daño a su esposa, pero en la práctica todos cometemos errores y pecados que afectan y hieren a la persona que decimos amar. Las buenas intenciones no siempre nos llevan a buenas acciones. Algunos por ignorancia y otros por mala formación no dan el trato que sus esposas merecen. Es que tristemente aun en las mejores familias hemos recibido una formación deficiente. Las razones de nuestros errores son variadas, pero quizás la principal es que no existe perfección en nuestros padres. Los padres que tienen el deber de formarnos no son perfectos, nosotros tampoco. Todos llevamos una naturaleza pecaminosa que nos incita a hacer lo que no queremos y a no hacer lo que quisiéramos. Debido a esta triste realidad, muchos hombres hemos herido a nuestras esposas. Nuestra mala formación nos motivó a hacer cosas que no eran correctas.

Evaluando la gran cantidad de testimonios de cónyuges en conflicto he notado que existe un gran desconocimiento del mundo de la mujer que ha llevado a bien intencionados esposos a actuar de una manera perjudicial para la relación conyugal y para el desarrollo y la salud integral de sus esposas. Sin embargo, para ser justo debo admitir que también las mujeres han sido mal formadas. Su actuación en la vida conyugal depende en gran medida del ejemplo que sus madres le dieron y ellas fueron pecadoras e imperfectas igual que sus esposos. Algunas mujeres se han rebelado y hacen lo contrario a lo que hicieron sus madres mientras que otras hacen exactamente lo erróneo que sus madres hicieron a pesar de que odiaron ese comportamiento que les provocó tanto sufrimiento. Para evitar una relación destructiva, no solo los hombres deben entender que viven con una mujer digna de respeto y honor, sino que ellas mismas deben aceptar su responsabilidad de respetar al hombre que han decidido amar.

Un relato sencillo de experiencias enriquecedoras

Al igual que muchos hombres emprendedores, por muchos años me enfoque primariamente en cumplir mi trabajo con responsabilidad y excelencia pues en él encontraba grandes satisfacciones. Gran parte de mi vida giraba en torno a los logros que alcanzaba en mi trabajo. Mi enfoque estaba en lograr las más altas metas en mi mundo profesional y brindar a mi esposa e hijos los mejores medios económicos para su subsistencia. Tristemente, en forma imperceptible ese enfoque en lo que me apasionaba me fue haciendo perder la perspectiva de la vida familiar saludable. Preocuparme por mi mundo inevitablemente me movía a preocuparme cada vez más y más por mí mismo. Poco a poco me fui haciendo insensible a las necesidades de mi familia. Poco a poco fui ignorando las más profundas necesidades de mis hijos y mi esposa. No me mal entienda. Siempre he amado a mi familia, tal como quizá usted la quiere, pero ese mismo amor por mis seres queridos que me movía al sacrificio, trajo como consecuencia un alejamiento de ella. No había aprendido a ordenar mis prioridades, no sabía cómo establecer límites saludables ni entendía bien lo que significaba ser padre. Nadie me había enseñado los principios fundamentales que ahora conozco.

Al igual que muchos padres y esposos amorosos, poco a poco me fui involucrando en mi mundo laboral. En mi caso, he amado ayudar y servir a los demás. Me envolví con pasión en mi mundo profesional y a pesar de no ignorar todas mis responsabilidades como padre y esposo, mi relación paternal y conyugal fue perdiendo su magia. Al igual que todos los padres, he cometido errores, pero mientras más pasan los años y evalúo mi pasado, más me doy cuenta de que podía haber evitado muchos errores. He notado que mi amor por ellos ha ido creciendo. He aprendido más acerca de mis responsabilidades y mejorado mi relación familiar. No hay dudas de que con mejor instrucción podía haber sido mucho mejor padre y esposo. Hoy puedo percatarme de que mis prioridades estaban erradas, pues di a mi familia muchas cosas buenas, pero ignoré algunas cosas importantísimas.

Definitivamente no he sido ni seré el único que ha actuado de esa manera y estoy seguro de que usted ya ha comenzado a identificarse conmigo. Hoy me duelen esos momentos en que actué con incomprensión. Me duelen los momentos de insensibilidad, especialmente con mi esposa. Me duele el hecho de que en ciertas ocasiones haya esperado que me sirvieran en vez de servir y de haber ignorado las necesidades y el cansancio de una madre de cuatro hijos. Nunca fui un tirano, pero a veces fui incomprensivo. Nunca fui un machista total que ignoraba a sus hijos y esposa, pero tuve algunas actitudes machistas de las que hoy me arrepiento.

Nadie nace padre. Nadie nace como esposo comprensivo. Debemos formarnos, educarnos, para llegar a ser uno de ellos. No nacemos casados, debemos aprender a vivir en esta vida conyugal tan linda pero que está rodeada de tantas demandas.

Cometemos uno de los más grandes errores cuando no comprendemos las necesidades, los anhelos, el cansancio, las decepciones, el sacrificio y la dedicación de nuestro cónyuge. De esto muchos hombres y mujeres somos culpables. No muchas personas hacen esfuerzos serios por tener empatía, es decir, por meternos en los zapatos de la persona con quien compartimos la vida.

Creo que las experiencias más enriquecedoras en este proceso de aprender a comprender a mi esposa, han ocurrido en los momentos en que he salido con mis hijos o he pasado un largo tiempo con ellos. Observar sus acciones, la forma como se relacionan con otros niños en el parque, la manera como lidian con sus frustraciones provee un conocimiento que no podemos adquirir de otra manera. Cuando uno pasa un día con ellos las preguntas caen como un diluvio. En ciertas ocasiones en que estuve solo con dos, tres o mis cuatro hijos me di cuenta de cuán demandante es involucrarse con ellos diariamente. Al estar encargado de ellos, uno puede meterse en su mundo y dejar que hagan lo que quieran para evitar cansarnos y molestarnos y eso funcionaría por un día, pero no regularmente. Debe decidir entre realizar su tarea con excelencia o dedicarse a ellos por un momento u organizarse para cumplir sus dos tareas con responsabilidad. Lamentablemente no muchas esposas toman la mejor opción.

Cada uno de nuestros hijos anhela y demanda que satisfagamos sus necesidades. Cada uno se da forma para insistir en captar toda nuestra atención. En ciertos momentos que pasé con mis cuatro hijos me di cuenta de que cada uno de ellos demandaba tanto tiempo y energía que cualquier ser humano normal en poco tiempo terminaba agotado. Cuando uno comprende sinceramente el mundo de presiones que la mujer experimenta solamente en su relación con los hijos, entiende un poco acerca de las tensiones y frustraciones que incluye la labor maternal.

No importa cuánto trate la sociedad moderna de desvalorizar el trabajo materno, estoy convencido de que es una de las labores más sacrificadas y complicadas que existe. No solo escuchar los testimonios de tantas personas, recordar el inmenso sacrificio de mi madre al criar once hijos y la dedicación de mi esposa al cuidar a cuatro varones me ha hecho aumentar día a día mi respeto por el mundo de las madres. Quisiera que lo mismo ocurra con ustedes pues no hay duda de que todos necesitamos aprender. Nadie nace padre. Nadie nace como un esposo comprensivo. Debemos formarnos, educarnos, para llegar a ser uno de ellos. No nacemos casados, debemos aprender a vivir en esta vida conyugal tan linda pero que está rodeada de tantas demandas. Para todos los hombres que debido a su sensibilidad se han sentido genuinamente preocupados y para quienes en muchas ocasiones, frente a la tensión que demostraba su esposa no han sabido qué decir o hacer, he dedicado estas palabras.

Una dedicatoria sincera

Mis palabras están dedicadas a los hombres normales. A los hombres amantes de su esposa y de su familia, pero que fueron criados en una sociedad y un hogar con tendencias machistas. Para aquellos que son buenos hombres, pero desde pequeños aprendieron que la mujer era para estar en la casa, cuidar a los hijos, encargarse de las labores del hogar. Mi escrito está dirigido a quienes no han dado importancia al compromiso paternal de arreglar los problemas de los hijos en la escuela. Me dirijo a quienes nunca o rara vez han llevado a sus hijos al doctor y a quienes han tenido que sacrificar el logro de sus propios ideales por criar a sus hijos. A esas mujeres que se han llenado de tensiones y estrés por preparar la comida, lavar la ropa, atender a su marido y estar siempre dispuestas y preparadas para disfrutar de la vida de intimidad.

También dedico mis palabras a todos esos hombres que hacen serios esfuerzos por ser buenos padres y esposos, pero sus intentos no parecen dar los resultados que esperan. Mis palabras dedico a esos esforzados hombres, hombres talentosos y trabajadores. Esos hombres siempre motivados al éxito y que tratan seriamente de ser los mejores de su trabajo y dar lo mejor a su familia. Dar todo lo que saben, aunque lo que saben y desean dar no es todo lo que se necesita.

Me dirijo a ustedes que nacieron hombres como yo, ya que no podemos pensar como mujer; y la verdad es que ni siquiera deseo que lo hagamos. Mis palabras tienen la intención de que los hombres que vivimos en un mundo de frustraciones distintas adquiramos esa capacidad de ponernos en el lugar de nuestras esposas. Mi anhelo es motivarlos a que hagan serios esfuerzos por comprender lo que ellas experimentan.

Estoy seguro de que si lo intentan con determinación y firmeza lo lograrán. Yo lo logré. He logrado vivir con una actitud comprensiva y estoy seguro de que si usted realiza un serio esfuerzo y determina aprender, también lo logrará. Mi intento es que seamos sensibles y nos identifiquemos con aquellas emociones y sentimientos que no son de hombre. Por eso no es fácil identificarnos con nuestras esposas, porque lo que ellas experimentan no son nuestras inclinaciones ni preferencias, pero son parte real de la vida de quien decidimos amar y con quien hicimos el compromiso para amarla toda la vida.

Un examen de la realidad

A través de los años he tenido el privilegio de dirigirme a muchas personas. Como conferencista he escuchado innumerables testimonios y como ser humano también he experimentado terribles tentaciones. Me he sentido indignado por el maltrato a los niños y grandemente impactado por la forma como son tratadas muchas mujeres. He sentido gran dolor por hombres que son ignorados, maltratados y manipulados y por ello he sido motivado a realizar todo esfuerzo por orientar a la familia y comprender el sufrimiento que padres, cónyuges e hijos están experimentando. De ninguna manera estoy animando a formar un movimiento de liberación femenina cristiana; pero quiero decirle que tengo el firme propósito de que las mujeres cristianas, y no cristianas, dondequiera que vayan, entiendan que el papel de víctimas no les fue entregado por Dios ni es un libreto que aparece en la Biblia.

No es mi intención atacar a los hombres y defender a las mujeres. Mi motivación es educar bíblicamente a hombres y mujeres para que aprendan a cumplir sus responsabilidades y vivir libremente en el marco de sus derechos. Los hombres y las mujeres que lean este libro, deben tener el más alto deseo de conocer lo que Dios espera y anhela para la mujer y las acciones y reacciones sabias que debe tener el hombre que desea amarla.

Estoy convencido de que ninguna mujer normal que vive con un hombre normal tendría que ser maltratada a menos que lo permita. Es cierto que no es posible evitar el maltrato si un cónyuge está casado con una persona anormal. Creo que hay personas casadas con sicópatas, criminales e individuos con otras desviaciones que no pueden ser controladas, pero aun así, las mujeres deben aprender cuál es la vía de escape y utilizarla lo antes posible pues su integridad estará siempre en peligro si evita la confrontación. Por cierto, existe una forma para salir de cualquier abuso, maltrato o violencia, pero hay que aprenderla y utilizarla. Ese camino lo explico con detalles en mi libro *Cartas a mi amiga maltratada*. Además, estoy convencido de que existen ocasiones especiales en que la separación y el divorcio son el mejor camino para salir de una relación conyugal enferma y eso lo explico con claridad en mi libro: *Una puerta llamada divorcio*.

Al examinar las Sagradas Escrituras no existe duda de que Dios entregó al hombre la autoridad. Lamentablemente por los erróneos conceptos humanos, y por la tendencia pecaminosa que es parte de todo individuo, muchos hombres la han transformado en autoritarismo. Esos hombres están fuera del modelo divino para la vida matrimonial, pero también la mujer ha equivocado su papel. Al conversar con muchas mujeres en mis conferencias entiendo que un gran número de ellas no ha entendido la diferencia entre ser una mujer sumisa y una subyugada. La sumisión es parte del corazón de una mujer que reconoce y ha comprobado que su marido la ama y que aunque es un ser con debilidades, pecador, y por lo tanto comete errores y pecados,

> *Dios no planificó que la mujer alcanzara su mayor realización en su relación conyugal. Dios planificó que la mujer alcanzara su realización al cumplir la razón de su existencia y por vivir cumpliendo su propósito en la vida con excelencia. Su realización personal le permite vivir sabiamente en su relación conyugal a pesar del marido que tiene.*

siempre tiene en mente el bienestar de la esposa que ama. El deseo de someterse aparece en el corazón de la mujer porque Dios puso en ella ese inmenso anhelo de servicio, ese profundo deseo de amar y respetar y compartir toda su vida. La sumisión adecuada se da entre dos personas que se aman, pero que han entendido que alguien debe ejercer la autoridad como ocurre en todo sistema y la vida familiar no es la excepción.

El sometimiento es el acto por medio del cual uno obliga a su cónyuge a hacer algo, a pesar de sus sentimientos. El que subyuga a su cónyuge no está interesado en sus sentimientos.

Quien subyuga a su mujer la aflige, la presiona, no considera sus necesidades, no toma en cuenta sus sentimientos. El subyugador solo quiere que se cumpla su plan y sus anhelos ignorando las necesidades de los que le rodean.

Es mi deber como consejero orientar a que la mujer tenga el conocimiento, la capacidad y las herramientas necesarias, para que pueda salir de su papel de víctima, para ayudar al abusador a fin de que cambie su estilo de vida, o si este persiste en su comportamiento destructivo, ella tome la decisión de apartarse de él. Estoy convencido de que es responsabilidad de cada persona vivir conforme al propósito divino y, por lo tanto, es responsabilidad de toda mujer cumplir la meta que Dios trazó para ella en este mundo. Dios nunca planificó que la mujer quedara sola en su hogar, amargada, siendo ignorada por su esposo, nunca lo planificó así. Dios no ha querido que la mujer sufra, al contrario, le entregó un hombre, para que la protegiera, para que la amara, para que le brindara seguridad. Dios no planificó que en su relación conyugal la mujer alcanzara su mayor realización. Dios planificó que la mujer alcance su realización al cumplir la razón de su existencia como producto de su desarrollo personal. Su realización personal le permite vivir sabiamente en su relación conyugal a pesar del marido que tiene.

Quiero que toda persona comprenda que cuando el hombre falla, nada de Dios ha fallado. Por otra parte, así como el hombre equivoca su papel, también la mujer yerra. Así como hay hombres que dejan de lado su papel de proveedores de la economía para sus hogares, y se convierten en flojos, perezosos, negligentes también existen esposas que se convierten en manipuladoras, gritonas, constantemente alteradas y dominantes. Hay mujeres que se convierten en violentas, mientras otras soportan vivir con ese tipo de hombres.

CONFUSIÓN LÓGICA

He escuchado a tantas personas con ideas tan extrañas sobre cómo deben desarrollar su vida matrimonial, que no me sorprende que exista tanta confusión. Muchos hombres y también muchas mujeres, no han entendido el valor y la dignidad que tiene la mujer. Muchas están sufriendo y no saben qué hacer. Muchas tienen preguntas y temor a plantearlas pues han recibido respuestas que aumentan su dolor, confusión y desesperanza. Para muestra un botón, observe lo que me escribió esta radioescucha:

> Primeramente le saludo a usted, a su familia y a todas y cada una de las personas que forman parte de *Visión Para Vivir*. Me he identificado con muchos de sus programas; pero en especial con dos de ellos y por eso le estoy escribiendo atendiendo a su invitación. Desde hace mucho tiempo pensaba en escribirle para expresarle mi situación y que me diera un consejo; pero creyendo que me daría las mismas respuestas que mi pastor y otras personas cristianas, evité hacerlo, pues no me agradan las respuestas de esas personas. Tuve la oportunidad de escuchar su programa del día 7 y 8 de abril de 1994, esos dos programas son mi vida, casi toda mi vida. Ahora tengo veinticuatro años de edad, aún estoy casada, tengo una hija de cuatro años, mi esposo tiene veintiocho años, no le puedo contar con detalles toda mi vida, traté de hacerlo, eran demasiadas hojas, pero a grandes rasgos le voy a contar.

Estos son algunos extractos de su situación:

Desde los trece años me hice novia del que ahora es mi esposo. Fui abusada sexualmente por él, enseguida que lo conocí, a partir de entonces me siguió usando aunque yo no quisiera. Creo que antes de conocerlo a él, no fui muy feliz, porque ya había sido acosada sexualmente por otros hombres de mi familia, pero nunca me violaron, crecí con traumas en cuanto al sexo. Mi padre viajaba mucho, mi madre se la pasaba en los quehaceres de la casa, y el quehacer ajeno, somos siete hermanos. De novio mi esposo no se portó como un pretendiente normal, no salía a pasear con él sanamente, siempre salíamos porque quería que estuviera con él, siempre fue de carácter fuerte. De novio fue muy celoso, a veces decía que se iba a casar conmigo y me iba a dar todo lo que yo necesitaba, me llené de esperanza. A los diecinueve años me casé con él, fue mi único amigo, mi único novio, mi único hombre, mi único esposo, hasta hoy. Mi madre sufría al verme soportarlo, me decía que lo dejara; pero yo estaba como ciega, hasta hace poco, yo pensaba que en el matrimonio tenía que permitir todo lo que él quisiera, hasta hace poco supe que no tenía que ser así. He pensado en el divorcio muchas veces; pero siempre me he detenido porque pensaba que el matrimonio era para toda la vida y por otras muchas razones, por mi hija, por Dios, decían que la iglesia, que Dios aborrecía el divorcio, le he tenido lástima a mi esposo como ser humano, pienso que necesita ayuda con sus traumas, yo no tengo estudios, nunca he trabajado, tengo temor. Hasta hace unos días, le expliqué mi situación a mi pastor, la he planteado por nueve meses, me dijo que el divorcio era la salida de Satanás para mí, me dijo que oráramos por la salvación de mi esposo, le aseguro que desde que conocí al Señor estoy orando por él. Hace poco le vi a usted personalmente, usted se acercó a darle un beso a mi hijita, usted no sabía el infierno que vivía. Asisto a cierta iglesia, y creo que allí hablan erróneamente de la sumisión, esta es mi situación. Me siento tan cansada, aunque gracias a Dios he podido sentirme feliz con Dios a pesar de todo y me quiero divorciar, no sé qué hacer, a quién más recurrir y estoy totalmente confundida. ¿Puede indicarme qué tengo que hacer?

Esta es solo una de muchas cartas que muestran el dolor y la angustia que vive una mujer que no comprende el valor que tiene pues ha sufrido experiencias traumáticas que la han marcado, pero que además, está sufriendo en manos de un hombre que tampoco fue formado y que también vivió experiencias traumáticas y por ello no sabe cómo ser un buen esposo y padre, porque nadie es un buen esposo en forma automática y natural; se necesita una formación adecuada para saber ser un marido que ama en forma integral. Si todo hombre tiene una naturaleza pecaminosa y una tendencia al mal, todos debemos hacer serios esfuerzos y prepararnos para ser sabios en la relación matrimonial.

Ningún hombre es un buen esposo en forma automática y natural. Quienes queremos ser maridos sabios que aman integralmente, debemos adquirir conocimiento, utilizar las mejores herramientas y elegir la mejor actitud para desarrollar una relación matrimonial sabiamente.

3

Las tensiones en el hogar: La tensión rutinaria de muchas actividades regulares y diarias

El hogar es un taller de trabajo donde existen grandes responsabilidades, relaciones demandantes y muchas tensiones. Pero no son las demandas, conflictos y presiones los que destruyen a una mujer o la mantienen angustiada día a día, sino el no saber lidiar con las personas y las situaciones con organización, buena actitud y sabiduría.

EN VARIOS CAPÍTULOS PONDRÉ énfasis en algunas de las preocupaciones genuinas de la mujer que deben ser atendidas por el hombre que la ama. Pero también es sabio reconocer que existen mujeres que viven preocupadas por cosas que nunca deberían siquiera llamar su atención, mucho menos provocarle inquietud.

Algunas mujeres que aman a Dios, no han aprendido a evitar lo que Jesucristo quiere que eviten y es ese mundo de afán y ansiedad. Jesucristo dijo que no nos preocupemos desmedidamente por lo que hemos de comer o vestir pues Dios, nuestro Padre celestial, se preocupa de satisfacer nuestras necesidades elementales. La enseñanza es clara. Jesucristo dice que si su Padre celestial se preocupa por atender las necesidades elementales de los pajarillos, con mayor razón satisfará nuestras necesidades esenciales. Las enseñanzas de Jesucristo son claras, sencillas y fáciles de entender. Jesucristo enseñó que no debemos preocuparnos por las cosas que no podemos cambiar. Que no debemos llenarnos de ansiedad por aquello que ocurrirá a pesar de nuestros esfuerzos por evitarlo y ese no es un llamado a la irresponsabilidad, sino una orden para que vivamos preocupados por lo que es correcto y sin irnos al extremo. No debemos preocuparnos por lo que no podemos cambiar, debemos involucrarnos con excelencia en lo que es nuestra responsabilidad y no llenarnos de ocupaciones excesivas que nos produzcan ansiedad.

Tristemente existen algunas mujeres que por su naturaleza emocional y su enfoque en los detalles tienden a preocuparse por cosas que no pueden cambiar y con su comportamiento erróneo crean una carga que el marido tampoco puede llevar; por lo que se decepcionan ya que no pueden satisfacer una necesidad que el marido tampoco puede suplir. El problema no solo es que existen maridos que no son sensibles a las necesidades de su esposa, sino también que existen muchas mujeres que esperan cosas que no deberían esperar y por ello viven frustradas. Poco a poco, mientras vaya leyendo este libro, irá identificando algunas necesidades básicas de la mujer que todo marido amoroso debe preocuparse por satisfacer.

Investigue el mundo de la mujer

Para comprender el mundo femenino es imprescindible que lo estudiemos, eso es lo que me ha tocado hacer para entenderlo y poder enseñar sobre ese mundo tan hermoso y complicado. No podemos comprenderlo si no determinamos investigarlo con una buena actitud y con una buena intención. Los hombres pensamos como tales en forma natural y nos cuesta entender ese mundo complejo que nos presenta tantos desafíos. Creemos conocer el mundo de nuestras esposas por el solo hecho de vivir con ellas, pero la verdad es que podemos estar juntos pero no unidos y podemos convivir por años superficialmente, pero nunca conocer a nuestras esposas íntimamente.

Nosotros pensamos como hombres y ni siquiera podemos comprender nuestro mundo en su totalidad, mucho menos entendemos en forma natural un mundo tan distinto y tan emocional. El mundo de la mujer no es idéntico al del hombre y para conocerlo se necesita un hombre dispuesto a dedicar tiempo a ella y a investigar sus sentimientos y el mundo que la rodea. Es necesario que comprendamos sus sentimientos, sus angustias, sus preocupaciones, sus debilidades, sus fortalezas, su pasión. Debemos discernir qué la decepciona, qué aumenta su autoestima, qué la destruye emocionalmente y qué aumenta su estima regularmente. Debemos conocer cómo animarla, cómo evitar su decepción y cuándo es necesario saber realizar una buena confrontación. Para comprender el mundo de una mujer necesitamos poner atención a las situaciones que enfrenta y las emociones que por ser mujer experimenta. Debemos examinar sus vivencias como dueña de casa, como madre, como esposa, como parte del sistema laboral y tratar de comprenderla y apoyarla para que viva una vida realizada y normal.

> *Creemos conocer el mundo de nuestras esposas por el solo hecho de vivir con ellas, pero la verdad es que podemos estar juntos, aunque no unidos y podemos convivir por años relacionándonos superficialmente, pero nunca conocer a nuestras esposas íntimamente.*

La mujer y sus tensiones en el hogar

Con respecto a las situaciones y tensiones que experimentan las madres en los hogares, he investigado y he llegado a algunas conclusiones muy importantes y que creo que pueden dar nuevas bases para que los hombres sinceros y que desean ser siervos y líderes a la vez puedan actuar con empatía y comprensión. Sinceramente, no he encontrado una labor que produzca tanta frustración como la de un ama de casa. A la vez no creo que haya rol que merezca más respeto que el de esposa y madre. La mujer definitivamente es una persona de valor y dignidad aunque algunas de ellas ni siquiera se dan el valor que tienen. Su valor va más allá de lo que podemos imaginarnos, su responsabilidad más allá de nuestra comprensión natural y su dignidad es irrenunciable. El sacrificio de una mujer responsable es indescriptible y en mis estudios he notado que la tensión que produce preocuparse por las actividades del hogar y, además, por las necesidades de sus hijos y esposo sobrepasa mi habilidad de describirla.

Comprensión por medio de la experiencia

Si ha tratado, pero todavía no entiende por qué la labor de una madre produce tanta decepción, sinceramente no creo que lo aprenderá leyendo un libro y mucho menos escuchando los reclamos de su esposa. Definitivamente no creo que exista nada mejor para descifrar el tenso mundo de un ama de casa que realizar labores de madre por unos días.

He examinado mi vida y he observado que son las experiencias con mis hijos las que más me han enseñado. No aprendí en las temporadas que estuve lejos por motivos de trabajo, sino cuando aprendí a acercarme y compartir más tiempo con ellos. Una experiencia en particular cambió mi manera de pensar con respecto a la maternidad y aumentó el respeto que tenía por mi esposa. Mientras vivíamos en Edinburg, Texas, y asistía al Instituto Bíblico Río Grande, viví una experiencia que marcó mi vida. En mi deseo por comprender y apoyar a mi esposa nos pusimos de acuerdo para que ella realizara un viaje con una amiga. Decidimos que me quedaría solo con mis hijos. La labor no parece tan complicada a menos que le explique que atendí solo a mis hijos por un mes, mientras era el único encargado de la estación de radio del instituto. Mi casa estaba a unos cien metros de la estación de radio y debía vigilar ciertas funciones automatizadas y realizar labores de locución y producción, además de ser madre y padre a la vez. Muy contento y con un gran deseo de que mi esposa tuviera vacaciones después de años de cuidar a nuestros cuatro hijos decidí emular momentáneamente la labor maternal. Debe imaginarse que no fue una labor fácil. Acostumbraba ayudar a mi esposa, pero también estaba muy ocupado y no creo que mi ayuda fuera suficiente ni mi conocimiento del mundo de una ama de casa era tan grande como el que obtendría al pasar esta hermosa experiencia.

Aunque venía de un hogar en que los once hermanos debíamos cumplir determinadas tareas para ayudar a mamá y tener mucha independencia para suplir nuestras propias necesidades, igual tenía mi aspecto machista, por lo que no siempre apoyaba en todas las labores. Por ello y porque no era mujer, además, nunca había sido ama de casa y mucho menos madre, tenía frente a mí una gran labor que desarrollar y muchas cosas que aprender.

Cada día que pasaba, más cuenta me daba de lo difícil que era ser madre y ama de casa. Día a día notaba que la carga se hacía más decepcionante y pesada. Diariamente hacía un serio sacrificio para limpiar la casa y mantenerla en orden, pero no todos mis esfuerzos obtenían buenos resultados. Mis hijos de ocho, siete, dos y un año estaban acostumbrados a la excelente dedicación de su madre y estaban lidiando con la insipiente habilidad de ser ama de casa de su padre. Pronto descubrieron que me faltaban muchas cualidades para poder imitarla y extrañaban no solo su cercanía, sino también su dedicación y atención. Eso provocó mucho estrés en sus vidas y estaban más inquietos, más sensibles y desesperados mientras esperaban ansiosamente que volviera su madre. Para mí era una experiencia complicada. El inicio fue emocionante, algunos días fueron frustrantes y luego fui aprendiendo lecciones importantes. Los primeros días buscaba con afán dónde estaban todas las cosas que necesitaba y me sentía perdido en un territorio que no me era tan familiar por no tener que realizar las labores de ama de casa en forma regular. Uno de mis primeros descubrimientos fue que debía involucrarme más en la vida del hogar. Me sentía presionado cuando por un lado atendía a uno de mis hijos mientras el otro me llamaba o el otro lloraba y el cuarto necesitaba algo. Después de horas de trabajo, aunque estaba cansado, al mirar lo que me rodeaba parecía que no había hecho nada. Los niños poco a poco se encargaban de cambiar el orden de las cosas que con tanto sacrificio había arreglado. Si Nancy hubiera regresado al final de un día y hubiera actuado como muchos maridos, me habría recriminado porque la casa estaba sucia y me hubiera preguntado qué estuve haciendo todo el día.

Debido a lo demandante de la labor, tuve que ordenar mis días y hacer muchos cambios con respecto al cuidado de mi persona. Era difícil relajarse y sentarse a leer un libro. No había tiempo para ver un programa de televisión. Tuve que cambiar el horario en que tomaba mi baño diario y comenzar a hacerlo cuando todos mis hijos dormían, aunque debía hacerlo con la puerta abierta por si acaso algún servicio mío se requería. Deseaba que todos estuvieran dormidos al mismo tiempo y lo más temprano posible; después de varias horas jugando con ellos fuera de casa, deseaba llevarlos a que descansaran, o mejor dicho a que me dejaran descansar lo antes posible.

Esperaba que todos llegaran cansados y que cayeran dormidos a la vez. Sin embargo, tenían más energía que yo y a pesar de que había hecho un serio esfuerzo para que se cansaran, el que verdaderamente terminaba cansado era yo.

Cuando íbamos a comer fuera de casa debía preocuparme por muchos detalles que los primeros días ni siquiera pensé. Tenía que pensar dónde ubicarlos en el automóvil y determinar llevar la ropa que pudiera necesitarse en caso de que se ensuciaran. Diariamente me convencía del inmenso sacrificio de las madres. Después de días de trabajo me persuadí de que las labores del hogar eran extenuantes y que suplir las necesidades genuinas de los hijos era una tarea sumamente exigente.

Inicié mi labor con entusiasmo y alegría porque eso permitía que mi esposa por primera vez en nueve años de matrimonio saliera sola y disfrutara de descanso y vacaciones. Estaba enfocado en proveer una gran oportunidad para que ella disfrutara de ese tiempo. Lo único que había en mi corazón era el deseo de hacer algo por quien amaba. Los primeros días fueron un desafío, pero también viví momentos emocionantes y muy satisfactorios. Noté que poco a poco iba aumentando mi nivel de frustración y a la semana estaba desesperado. En la segunda semana anhelaba que mi esposa volviera, aunque cuando hablábamos por teléfono me mostraba seguro y decidido y la animaba a que siguiera disfrutando de su merecido descanso. Creo que al entrar a la tercera semana no sabía si era yo o los niños los que estaban más desesperados. He pensado que ocurrió después y recuerdo que poco a poco sentí un cambio en mi vida. Mis hijos se metieron más que nunca en mi corazón. Disfrutaba cada momento. Había aprendido a organizar mi

Estoy convencido de que ningún padre comprenderá la extraordinaria y difícil labor de una madre solo observando su responsabilidad y dedicación momento tras momento. Los padres comprenderemos mejor la labor que ellas realizan cuando con una buena actitud y mucha paciencia, realicemos tareas que les corresponden a ellas en forma regular y las apoyemos en forma eficiente, bien organizada y con excelencia.

mundo y a sentirme menos tensionado por las exigencias. Terminaba cansado, pero contento. En las noches los miraba a todos dormir. Recorría sus camas y me aseguraba que todo estuviera bien. En muchas ocasiones lloré por la belleza de los hijos que Dios me había dado y oraba por ellos para que mi Señor siempre los cuidara y protegiera. Los contemplaba por unos minutos y recordaba que en algunas ocasiones también había encontrado a mi esposa solo mirándolos cómo dormían y pensaba si no se cansaba de estar con ellos después de cuidarlos todo el día. Oraba con ellos, orábamos por mami y notaba que aun sus oraciones eran más desesperadas. Cuando finalmente iba a mi dormitorio y me lanzaba a mi cama, recordaba con cariño y anhelaba la presencia de mi querida esposa. Cada día notaba cuánto la necesitaba y sentí que debía dedicar más tiempo a llenar ese vacío que tenían de mí. Comencé a ser más tierno con mis hijos y mucho más comprensivo. Después de un largo día y cuando ellos descansaban, sentía una gran satisfacción, ese descanso que se siente cuando uno ha cumplido una labor extremadamente importante y lo ha hecho bien y con cariño. Recuerdo que los acariciaba cada noche y día a día aumentaba esa conexión hermosa de padre a hijos e hijos a padre.

Un día los dejé en casa mientras yo iba a la estación de radio, dentro del complejo del instituto. Debía realizar en vivo mi programa de radio titulado "Una voz amiga". Les dejé la radio encendida para que supieran que yo estaba en la radio y que pronto volvería. Se me ocurrió poner un programa grabado en el que conversaba con mi esposa. Tras unos momentos se me presentaron en la estación con carita de ilusión, creyendo que su mami había regresado.

Esa experiencia me permitió ser más observador en cuanto al sacrificio de mi esposa, creo que aprendí a comprenderla más. En muchas ocasiones observé a mi esposa y me di cuenta de que no importaba cuántas horas ocupara para desarrollar su trabajo ni cuántas cosas hiciera, siempre tenía algo que necesitaba seguir haciendo o que por su alto grado de responsabilidad buscaba hacer.

El hermoso pero complicado mundo de los niños

Cuidar de los hijos los 365 días del año no es tarea sencilla. Hay niños y niñas. Hay unos tranquilos y fáciles de complacer y otros hiperactivos y con voluntad firme que no son fáciles de controlar. Existen niños de toda clase y vienen en variedades de tamaños, colores y caracteres. Algunos de ellos saltan como canguros, gritan con los pulmones de un león, pelean con la furia de una pantera y ensucian y hacen desorden como una jaula llena de monos.

Hay mujeres que tienen la complicada labor de ser madres de hijos difíciles. Unos son traviesos, otros llorones y aun otros malcriados. Unos quieren comer a cada rato, otros no quieren comer lo que deben y piden lo que no deben. En fin, los niños son niños. Por favor, no se equivoque, ellos no son adultos que fueron reducidos a tamaño infantil. Son totalmente niños. Tienen manos, pies, dedos, ojos y también mente de niños. Sufren accidentes, se olvidan de las cosas, hacen lo que no deben, travesuras, desobedecen a sus padres y parece que en vez de intimidarse sintieran gran deleite, cuando la furiosa mamá pantera lanza sus feroces rugidos. Creo que en muchas ocasiones alguna madre se ha preguntado por qué los niños no obedecen a la primera orden o cuando alza un poquito la voz y por qué prefieren esperar hasta que ella grite con todas las fuerzas de una madre frustrada.

Las madres desarrollan muchas labores con regularidad que los padres casi siempre preferimos evitar. Los hijos se ensucian en los pañales, se caen, rompen los pantalones, tienen accidentes, ensucian la casa y dañan los muebles. Se sientan donde no deben, muerden cosas sucias, no conocen el peligro y desafían a las madres. A ellos les encanta jugar con los adornos y prefieren adornar con los juguetes. No sé usted, pero yo a veces he pensado que algunos niños fueron enviados con la misión de desordenar lo que la madre ordena y ensuciar lo que ella limpia y probar cada minuto la paciencia de ella. Ellos quieren ubicar las cosas a su gusto y hacerlas a su manera. Ellos quieren las cosas donde les guste aunque su madre piense que deben estar en un lugar completamente diferente y son movidos por un fuerte deseo de gratificación inmediata. Ellos quieren las cosas apenas las pidan, como las pidan y en la forma que las deseen aunque no hagan lo que la madre demanda.

Con estas y muchas otras cosas, los niños pueden dejar a una madre tan exhausta que anhele tirarse a la cama, pero debe permanecer activa pues después de que sus hijos están dormidos no se terminan las agotadoras tareas. Además, es el mejor momento para avanzar en lo que no ha podido. Desde el punto de vista de los niños, ella muchas veces desea el descanso en el momento más inoportuno. Cuando ellos están listos para salir a conquistar el mundo en el parque más cercano, la madre desea lanzarse un clavado en la cama que le ofrece sus encantos. Existen momentos en que lo único que ella anhela es tomarse un buen baño y descansar en vez de seguir en constante actividad, pero tiene que bañar a quienes desean seguir activos en vez de bañarse y descansar.

> *El cuidado de los hijos no solo produce alegrías e imborrables momentos de encanto para una madre que disfruta su maternidad, sino también tensiones y cansancio que para mantenerse saludable, le exigen que ella que aprenda a ser buena mayordoma de su vida y sepa vivir con orden y responsabilidad.*

Cuando todo parece estar en orden y el niño luce plácidamente dormido, y cuando se dispone a utilizar la ducha para renovarse y relajarse, ese pequeño ser humano busca alguna nueva forma para llamar su atención.

El cuidado de los hijos no solo produce alegrías e imborrables momentos de encanto, sino también tensiones que pueden ponerle los nervios de punta a cualquier ser humano normal. Una mujer cansada es una mujer normal y una mujer agotada puede sentir deseos de estar con sus hijos, pero también estar demasiado tensionada como para resistir más ruidos y escuchar más demandas. Sin dudas, esta no es una tarea fácil para la mujer. Sin embargo, pocas veces he encontrado una que se sienta decepcionada por lo que hace, aunque muchas están muy frustradas por la falta de cooperación y de momentos de descanso y diversión. Por supuesto, muchas me han expresado su frustración, temores y confusión, pero entre sus palabras siempre salen notas melodiosas que certifican el amor por sus hijos y la inmensa determinación al sacrificio.

Cuando he escuchado palabras que reflejan la decepción de una mujer, generalmente han salido de sus temblorosos labios como producto de lo enfermiza de su relación conyugal y la falta de apoyo en su labor maternal.

No existe nada que decepcione más a una mujer que tener a su lado a un hombre impávido, despreocupado por sus hijos, que ignore las necesidades de su cónyuge y que demande servicio instantáneo y permanente a cambio de la provisión económica que brinda.

Cuando a todo lo explicado le agrega la dura responsabilidad, el involucramiento extra de una mujer que debe trabajar fuera de su casa y la insensibilidad e incomprensión de algunos hombres, podrá imaginarse lo tensionada que resulta la vida de una esposa.

Las mujeres se sienten halagadas, comprendidas y motivadas a realizar cualquier sacrificio con alegría cuando comparten la vida con un hombre sensible, dispuesto a servir con amor y aprecio. Pero es difícil encontrar muchos de esos especímenes. Los hombres galantes, dispuestos al servicio, que apoyan integralmente a su esposa y son sensibles a las necesidades de su familia son una especie en extinción. Se necesitan más y más hombres sensibles que reconozcan que la mujer fue creada por Dios con valor y que tiene dignidad.

No necesitamos hombres perfectos. No existen, y los que creen que lo son ponen en serios aprietos a su familia. Pero se necesitan hombres sensibles a los anhelos de Dios y a los legítimos sentimientos de sus seres queridos. La sensibilidad es la propensión natural del hombre que teme verdaderamente a Dios, pero la insensibilidad es la actuación natural de quien no sabe amar de verdad. Con la sensibilidad, el varón se deja llevar por los afectos de compasión, humanidad y ternura, de forma que la mujer siente que es una persona valiosa y digna.

Se necesitan hombres compasivos. Un hombre con compasión es uno que se conmueve, que se siente tocado profundamente cuando la mujer está pasando por penas y desgracias. La labor de un ama de casa, esas grandes responsabilidades que debe cumplir una madre, incluye temporadas o experiencias que crean angustia y aflicción que nosotros los hombres no experimentamos, no porque seamos insensibles, sino porque la mujer generalmente es más sensible y le afectan más los problemas emocionales, los conflictos familiares y las tensiones de la vida. El marido que tiene compasión no tiene que experimentar ese dolor en carne propia para sentir tristeza, solo tiene que observar la angustia o la presión que siente la persona que ama y se identifica con ella haciendo todo esfuerzo por ayudar en vez de convertirse en otra carga o en otro instrumento de presión.

Necesitamos hombres más humanos. El hombre demuestra su humanidad cuando se identifica con las penurias de sus semejantes y muestra su benignidad, mansedumbre y afabilidad. El dolor, la presión y la angustia que experimenta la esposa, mueven al hombre compasivo y humano. El hombre sensible y que le da el valor que tiene su mujer no solo se identifica con ella sino que es movido a tomar acciones sabias para compartir la carga del cónyuge que se siente atribulado. El hombre sensible puede tratar con ternura. La ternura es el afecto, el cariño, la amabilidad en acción y la reacción de apoyo a quien es sensible.

La insensibilidad se demuestra al no sentir la presión que ella siente. El insensible ni siquiera intenta comprender las emociones de su mujer. Más bien las rechaza porque no son propias. La insensibilidad es un acto de orgullo. Es producto del egoísmo.

Un hombre insensible que no comprende el mundo de la mujer piensa que ella es mujer solo por fuera. Cree que solo el físico distinto le caracteriza. No ha entendido que su esposa es una mujer íntegra. Tiene cuerpo y emociones de mujer. Es insensible el que quiere que su mujer reaccione como hombre. Cuando quiere que ella, a pesar de que es emocional y tierna, reaccione en forma dura y práctica.

Una mujer no puede sentir que tiene valor y dignidad cuando al hombre que dice amarla no le duelen y más bien le molestan las cosas que a ella le causan dolor y lágrimas. La insensibilidad ha llegado a nuestro corazón para quedarse, cuando no nos duele el dolor, no nos angustia la ansiedad, ni nos entristecen las lágrimas de quien no está fingiendo sus emociones, sino expresándolas con honestidad frente a quien dice amarla y debería comprenderla.

La incomprensión se demuestra en no tratar de entender el problema y buscar una solución que tome en cuenta la necesidad de la mujer. La incomprensión es parte de la vida del hombre que no intenta aliviar la tarea de su cónyuge y que no comparte las responsabilidades y tareas hogareñas rutinarias.

Una mujer no puede sentir que tiene valor y dignidad si el hombre que dice amarla no se identifica con ella, no la comprende, no la apoya, ni demuestra con sus palabras y acciones que la ama de verdad. La mujer siente que tiene valor cuando su esposo la apoya en sus labores diarias y las duras tareas del hogar. Una mujer se siente realmente amada, si él la consuela cuando está triste y la corrige con amor, firmeza y respeto cuando después de evaluar sabiamente la situación se da cuenta de que está equivocada.

4

Las tensiones en su relación con los hijos: Tensión interpersonal que afecta a toda mujer normal

---

Para la mayoría de las mujeres criar a los hijos es una experiencia maravillosa, pero eso no significa que atenderles con paciencia, suplir sus necesidades y tratar con sus momentos de irrespeto y rebeldía no sea una labor difícil y tediosa. Las madres que anhelan entrenar a sus hijos y darles buenas instrucciones, no están exentas de tensiones y preocupaciones.

TODA RELACIÓN ENTRE SERES humanos tiene tensiones que no pueden ser evitadas. El roce constante de personas distintas, el encuentro de seres imperfectos, las relaciones de personas con edades diversas y con diferentes formas de pensar producen tensiones que generan serias preocupaciones. Una persona puede ignorar el desorden del hogar y olvidarlo, pero no puede ignorar ni olvidar fácilmente el abuso, el maltrato, las palabras ni las actitudes hirientes de las personas que ama. Una mujer que ama a su esposo es profundamente herida por la falta de apoyo y el maltrato de su cónyuge y, además, aumentan sus presiones cuando vive como la única responsable de satisfacer las necesidades de los niños que ama.

Permanecer entre niños inmaduros produce soledad y anhelos de relacionarse con adultos maduros

La mujer necesita sentirse amada y no solo por los niños que ama, sino también por el esposo con quien ha decidido traer al mundo a esos niños. Ella es feliz compartiendo y jugando con sus hijos, pero también desea vivir y disfrutar el mundo de los adultos, por eso se siente ignorada cuando gran parte de sus relaciones quedan reducidas al mundo de los niños. A pesar de que esa necesidad debe ser satisfecha, tristemente existen hombres que relegan a su esposa a un limitado mundo infantil tratándolas como niñas.

Para poder ser un compañero sabio, el esposo debe entender que la mujer es una persona de valor y con valor. Su valía es insustituible pues nada ni nadie puede reemplazar a una madre. Aunque la mujer es una persona con fortaleza y soporta cosas que para nosotros los hombres son muy difíciles, se sienten destruidas cuando no son tratadas con dignidad.

Cuando gran parte del tiempo de una mujer es dedicado a criar hijos, pasar tiempo con ellos y conversar con ellos, sin que pueda ni determine dedicar tiempo para pasear, conversar, opinar y tomar decisiones con su esposo, siente que no tiene valor.

Las mujeres que permanecen en el hogar y no trabajan fuera, tienen tensiones muy diferentes a los hombres. Todo su mundo se reduce a conversaciones elementales, pues deben razonar al nivel de los niños, tienen que comunicarse al nivel de los niños, su mundo gira en torno al de los pequeños y, pese a su amor, la permanente compañía de los niños va creando tensiones que deben ser liberadas. Ellas anhelan la comunicación y compañía de otros adultos, desean relacionarse con gente mayor y especialmente con alguien a quien amen y con quien deseen compartir.

Las mujeres que todavía no entran en la etapa de decepción típica de quienes han sido ignoradas por sus maridos por mucho tiempo, todos los días anhelan la llegada de su esposo para que las rescaten de la rutina de la vida hogareña, de las relaciones demandantes con sus hijos y de las presiones de la vida familiar. La mujer desea que llegue el adulto con quien se comunicará a otro nivel y que la sacará del mundo de dignidad y valor, pero infantil de los niños, y la introducirá en el de la madurez de la relación entre adultos.

Debido a la tensión por su labor y su amor por su familia, en ciertos momentos tiene una mezcla de sentimientos. Quiere seguir compartiendo con los niños que ama, pero también quiere disfrutar de su merecido descanso, quiere satisfacer el deseo de compañía de sus hijos, pero desearía tener tiempos de soledad, pues en sus horas de interacción ha respondido un sinnúmero de preguntas y espera a su esposo para que le ayude con algunas sabias respuestas.

> *El deseo de una esposa de relacionarse con su cónyuge al nivel de adultos no es un simple deseo que deba aprender a controlar, sino una necesidad que su esposo debe aprender a suplir.*

Al inicio de la vida conyugal, la mayoría de los hombres, tratamos de ser condescendientes y comprenderlas, pero con el paso de los años comenzamos a ignorar sus necesidades y algunos se convencen de que la necesidad de compartir íntimamente con su esposo son simples deseos que ella debe aprender a controlar y no necesidades que intenta satisfacer. Por ello, poco a poco nos sentimos molestos pues tras un largo día de conflictos y tensiones no deseamos recibir otras presiones.

No son las discusiones sino los acuerdos sabios los que permiten aliviar las tensiones

Dos personas tensas pueden actuar tan equivocadamente que en vez de buscar una sabia fórmula para descansar y aliviar las constantes presiones, pueden atacarse mutuamente y provocar dificultades mayores que producen muchas frustraciones. Es cierto, una madre cansada debe esperar con ansias que llegue su esposo para ser relevada de su demandante relación con los hijos, pero también un padre cansado que ha cumplido una larga jornada de trabajo, tiene el derecho de anhelar llegar a su casa para relajarse y descansar. La verdad es que en esos momentos finales de un día muy ocupado, ambos merecen tomar tiempo para descansar, pero no son los desacuerdos los que les van a ayudar, sino el que busquen estrategias sencillas que les permitan a ambos disfrutar de su necesario descanso.

Si trabaja fuera y dentro del hogar, debe dedicar tiempo para descansar

Muchas madres piensan que podrán resistir el trabajo doméstico y fuera del hogar sin dedicar tiempo para descansar. Nadie puede vivir y relacionarse saludablemente con un estilo de vida tan agitado que viva tenso por las presiones. Por esa razón muchas amas de casas viven tensas. Debido a sus muchas ocupaciones y la gran cantidad de responsabilidad que deben cumplir fuera y dentro del hogar, viven agotadas, especialmente cuando llegan a sus casas y, por las presiones normales, se irritan con más facilidad, explotan y por ello maltratan a los hijos que desean cuidar con amor. Debemos recordar que hasta las máquinas se desgastan, mucho más si no tienen descanso ni mantenimiento. Así toda madre necesita descanso y entretenimiento.

Separe tiempo para descansar

Cada vez que aconsejo esto a una mujer ocupada, siempre me dice que no puede relajarse y descansar pues no tiene el tiempo necesario para planificarlo. Sin embargo, la gran verdad es que quien no dedica tiempo al descanso no lo ha puesto dentro de su lista de prioridades porque no está dando importancia a una de sus serias necesidades. Recuerde que le dedicamos tiempo a todo lo que creemos prioritario; nadie dedica tiempo a lo que en la práctica no cree que sea esencial.

Para poder relajarse, no necesita descansar por tres o cinco horas diarias, pero debe tener breves periodos de descanso cuando está realizando sus labores rutinarias. Además, es imprescindible que acueste a sus niños temprano y dedique una hora a relajarse, tomar un baño, leer un buen libro, dar un paseo, salir a un centro comercial, hacer ejercicios o aliviar un poco su tensión viendo su programa favorito.

La mujer que no dedica tiempo para descansar no le ha dado importancia a su obligación de ordenar sus prioridades. Su cansancio se debe a que no está satisfaciendo una de sus importantes necesidades.

Las mujeres que no descansan, no solamente se vuelven irritables e hipersensibles y viven bajo seria tensión, sino que están haciendo cosas erróneas que poco a poco preparan su destrucción.

No solo busque ser comprendido, determine comprender

Recuerden que ambos son seres humanos, ambos están cansados y ambos merecen su descanso. Pero el antagonismo, a pesar de sus justificadas razones, no les permitirá actuar con comprensión. Sin duda los trabajos que realizan ambos cónyuges son distintos y las tensiones diferentes, pero si ambos expresan su cansancio, anhelan una sabia cooperación, y se apoyan y se ponen de acuerdo en la forma como van a colaborar, ambos tendrán tiempo para descansar.

Cuando existe incomprensión, ambos cónyuges acumulan frustración. Cuando esta se acumula día tras día, mes tras mes y año tras año, ellos mismos están preparando en forma natural el camino para serios conflictos en la vida matrimonial.

A todos nos gusta que nos comprendan y somos expertos en buscar comprensión, pero si no determinamos tener empatía con nuestro cónyuge y comprender sus momentos de tensión y frustración, somos parte del conflicto que puede producir destrucción.

Hubo una temporada de mi vida en que ignoré, no comprendí y fui insensible a las necesidades emocionales de mi esposa, y, al igual que la mayoría de los hombres, no era mi intención producir en ella esa dolorosa frustración. Nunca me senté a planificar cómo hacerle la vida imposible a la mujer que amo y ni siquiera pensaba que actuaba erróneamente, pero mi falta de comprensión y mi exigencia de solo ser comprendido, le producía mucha tensión.

Si quieren descansar, determinen realizar un plan

Las necesidades ignoradas dejan a las personas frustradas. Cuando nos ponemos de acuerdo y buscamos soluciones en forma planificada, tenemos toda la posibilidad de vivir más relajados. Esa es la razón por la que ambos cónyuges deben ponerse de acuerdo y realizar un plan para que cada semana tengan la oportunidad de descansar lo necesario apoyándose mutuamente.

Planifiquen sabiamente el tiempo y la forma como organizarán no solo su trabajo y sus actividades con los niños, sino también el tiempo de descanso de ellos y las actividades en que se involucrarán para mantenerlos de alguna manera ocupados y para que colaboren en determinadas tareas.

Como parte de su organización, en primer lugar, ambos cónyuges deben ponerse de acuerdo no solo en las actividades que realizarán, sino en la forma como reforzarán los acuerdos tomados. De esa manera ambos estarán comprometidos a lograr la misma meta.

Segundo, deben buscar algunas personas que puedan cuidar de sus hijos algún día de la semana en que determinen descansar o pasear.

Tercero, deben planificar un tiempo de compañerismo con todos los miembros de la familia. Puede ser una hora de juegos o un par de horas para salir de paseo.

Cuarto, ambos padres deben organizar sabiamente cómo realizar las labores domésticas y quiénes, qué día, a qué hora y qué trabajo realizará cada uno.

Cuando los padres llegan a buenos acuerdos y ambos los refuerzan, logran que el esfuerzo mancomunado alivie la pesada carga mientras cada uno apoya de acuerdo a sus edades y capacidades. La esposa debe designar las responsabilidades porque nadie mejor que ella conoce cómo, cuándo y cuál labor debe realizarse. El padre debe dar el ejemplo y acompañar en las labores a alguno de los niños a fin de ejercer su autoridad para que los demás cumplan las tareas designadas.

Las madres deben exigirles a sus hijos desde pequeños que guarden sus juguetes después de usarlos. Los esposos debemos ayudar tanto en alguna labor doméstica como en el cuidado de los niños y el momento de acostarlos.

Cuando todos participan de alguna responsabilidad, no solamente se hace la carga más liviana sino que se aprende a vivir con respeto, apoyándose mutuamente y disfrutando de un ambiente de unidad.

Usted es el líder, determine liderar

Si ambos merecen descansar y actúan sin sabiduría, nunca lograrán hacerlo. Si uno de los dos toma el liderazgo necesario, ambos serán beneficiados.

> *Los cónyuges que planifican sus actividades, responsabilidades y su merecido descanso con coherencia y organización, pueden recuperar mejor sus energías y tener menos tensión.*

Durante una temporada de mi vida no tomé el liderazgo en los asuntos pequeños y rutinarios pues creía que mi papel era liderar en los más serios y delicados. Poco a poco fui agravando la situación pues, no en forma abierta y directa, sino más bien con mis actitudes y acciones, comencé a comunicarle a mi esposa que no estaba dispuesto a lidiar con lo que consideraba secundario. Mostraba muy poco interés en sus conversaciones e ignoraba las acusaciones sobre el comportamiento inapropiado de mis hijos. Más adelante hice evidente mi molestia al escuchar sus reclamos y en vez de asumir el liderazgo para encontrar sabias soluciones, le creaba a mi esposa otras complicaciones.

Es nuestro deber, como líderes de nuestra familia, actuar con sabiduría, pensar con corrección y buscar la debida solución. No actuamos con un liderazgo apropiado cuando en vez de realizar un plan para lograr que ambos descansen lo que es necesario, reaccionamos atacando o ignorando las necesidades propias y de nuestro cónyuge.

En todo ese proceso de ayudar a crear el ambiente necesario para que la esposa aprenda a manejar sus tensiones y depresiones, el esposo juega un papel muy importante. Muchas veces, no solo la labor que realiza la madre la deja exhausta, sino que la falta de apoyo de su esposo agrava la situación. Otras veces los esfuerzos por ser comprendida no logran simpatía y apoyo pues los hombres vemos la vida en forma diferente. Recuerdo que lo que para mi esposa era un gran problema que podía sacar una laguna de lágrimas, para mí la solución estaba simplemente en dar una orden, ponerme enérgico, pegar unos cuantos gritos y castigar si mis hijos no respondían positivamente. Por mi ignorancia, debido a la diferencia de respuesta de los niños a las mismas órdenes que daba su madre, me sentía triunfador y superior a ella.

Los esposos preparamos un mejor ambiente para evitar las tensiones de la esposa que amamos cuando no solo damos órdenes sino que somos modelos de orden y servicio ante los hijos que lideramos.

5

La subestimación personal:
Tensión que sumerge en la impotencia

Aunque toda persona es responsable de desarrollar una autoestima saludable, como la de la mujer aumenta principalmente por tener una relación romántica apropiada, los esposos amorosos podemos ser una fuente importante para que desarrolle su autoestima adecuada.

Es obvio que la subestimación apropiada no es una característica exclusiva del sexo femenino. Los hombres también somos objetos del ataque de esta fiera destructora del valor y la dignidad de la persona que nos hace sentir que no somos dignos de respeto y valiosos en la vida. Pero debido a la alta sensibilidad de las mujeres, entre ellas esa bestia tiene una gran influencia y entre las cosas que afectan el normal desarrollo de la vida de una mujer, la baja autoestima ocupa un lugar relevante. Cualquier persona puede sentirse inferior a los demás y creer que no sirve para mucho o para nada, pero para toda persona ese sentimiento es destructivo y paralizante. Es debido a eso que muchas amas de casa que son esposas de hombres exitosos en sus profesiones, luchan más fuertemente con esta tendencia a no darse el valor que su Creador les ha dado.

Nuestra imagen del espejo

La estima nuestra es lo que vemos de nosotros en los espejos que elegimos. Cuando niños no tuvimos oportunidad de elegir donde mirarnos. Automáticamente comenzamos a mirarnos en nuestros padres y debido a que nuestro único espejo son ellos, lo que pensamos de nosotros depende de lo que ellos piensen de nosotros. Cuando queremos saber si acertamos o nos equivocamos, nos vemos en ellos. El espejo de nuestros padres nos dice si somos valiosos, dignos o una molestia e incluso, debido a las actuaciones erróneas de ciertos padres, existen hijos que llegan a pensar que no sirven para nada.

A medida que vamos creciendo vamos aumentando el número de espejos en los que nos miramos. Poco a poco dejamos de mirarnos exclusivamente en nuestros padres y comenzamos a vernos en otros espejos. Es en esa etapa en que se convierten en muy importantes las opiniones de otros familiares, amigos, profesores, jefes, esposas, esposos, etc. Llega un momento en que el más alto porcentaje del concepto que tenemos de nosotros mismos ha sido obtenido de lo que los demás piensan de nosotros. En gran medida, cuando los demás nos respetan comenzamos a respetarnos. Aprendemos a estimarnos cuando los demás nos demuestran que somos importantes, inteligentes y dignos de ser escuchados.

Poco a poco vamos dando importancia a lo que otros opinan de nosotros, nos vamos sintiendo condicionados y erróneamente nos damos el valor que reflejan los espejos en que nos miramos. Luego, cuando una persona se casa, llega a ser muy importante lo que piensa el cónyuge. El esposo se convierte en la persona más cercana. Es la persona que le ama y que ella ama y sus palabras de respeto, cariño, el valor que este le da a sus opiniones y sentimientos hace que la mujer no solo se sienta amada, sino además, segura y confiada. Si una mujer cree que su esposo piensa que ella es ineficaz, inútil, acomplejada, insegura, la autoestima de ella irá decreciendo. Esto es cierto en las mujeres así como también en los hombres.

La adolescencia es una dura etapa de cambio de nuestros hijos y en ella comienzan sus pasos hacia la independencia. Debido a todos los cambios que experimentan, los adolescentes enfrentan una temporada complicada, pero una de las razones por las que se agudiza la crisis de los adolescentes

En cierto momento de nuestra vida, el más alto porcentaje del concepto que tenemos de nosotros mismos ha sido obtenido de lo que los demás piensan de nosotros. En gran medida, cuando los demás nos respetan comenzamos a respetarnos. Aprendemos a estimarnos cuando los demás nos demuestran que somos importantes, inteligentes y dignos de ser escuchados, pero es necesario que hagamos la transición para dejar de vernos como nos ven los otros y comenzar a vernos como Dios nos ve a nosotros.

es que los adultos tendemos a comunicarles que todo lo que hacen en esa edad, es malo. Es cierto que es una edad difícil de vivir y muchos adolescentes actúan inmaduramente y por ello la mayoría siempre estamos descontentos con ellos, lo cual notan. Tenemos la tendencia a vivir criticando sus defectos y a fallar al no estimular sus aciertos. La adolescencia es una temporada de mayor autoconciencia. Muchos adolescentes viven observándose en el espejo y ponen énfasis en cómo se visten y se peinan, cuántas espinillas tienen y otras cosas más. Tienden a enfocarse tanto en sus defectos y a compararse con los demás que muchas veces se sienten inferiores e inseguros. Si lo mal que ellos piensan de sí mismos en esa etapa lo unen a las permanentes críticas de sus padres y las burlas inmisericordes de sus compañeros y amigos, entonces tienen una fórmula efectiva para bajar la autoestima a niveles preocupantes.

Una responsabilidad personal

El dejar de vernos como otros nos ven es una responsabilidad particular. Es nuestro deber adquirir conocimiento y dar todos los pasos necesarios para dejar de vernos como personas indignas ya que podemos perpetuar esa errónea sensación por toda la vida. El verse como una persona que no tiene valor puede acompañarnos aun hasta nuestra jubilación o puede iniciarse en esa temporada. Una persona puede haber sido exitosa en la vida, haber alcanzado grandes posiciones y obtenido muchos recursos, pero su autoestima puede ser afectada en la temporada de su retiro pues es una transición muy emocional que puede motivarnos a pensar que ya dejamos de ser importante para otros.

Uno de los conflictos de la crisis que ocurre después del retiro de un hombre de la actividad laboral es pensar que ha terminado su etapa productiva. Algunos piensan que la sociedad les está diciendo que ya no sirven y que por lo tanto, deben irse a casa. Como no pueden seguir trabajando oficialmente, como sus familiares no le visitan y pasa por las crisis emocionales de la tercera edad, y no tiene las fuerzas para hacer lo que antes hacía, la persona se encuentra en el ambiente propicio para que baje su autoestima a niveles preocupantes. Una de las crisis que puede experimentar la mujer está relacionada con la temporada de soledad que vive debido a que sus hijos ya no viven con ella. Si tenía conflictos con su esposo y vivía mirándose en el espejo de sus hijos, ella se sentía valiosa por lo que hacía por sus hijos y por lo que ellos pensaban de ella. Pero cuando ellos se marchan, no solo siente un vacío sino también sentimientos de indignidad.

La subestimación es una amenaza para todos los seres humanos y es imposible vivir como una persona equilibrada, segura y con confianza en sí misma subestimando sus habilidades.

Una relación se torna sumamente complicada cuando uno de los cónyuges tiende a subestimarse y el otro tiene la tendencia a sobreestimarse. Ambos extremos son erróneos, no reflejan una vida saludable y producirán serios conflictos en la relación conyugal.

Es difícil, pero no imposible

La subestimación personal que experimenta la mujer ha sido resultado de un proceso que debe ser detenido pues no le permite vivir con la dignidad que realmente tiene. Salir de ese sistema es difícil, pero no imposible.

Algunas mujeres adultas eligen vivir en esa condición pues a pesar de haber recibido la instrucción necesaria, a pesar de que tienen ayuda, no están dispuestas a buscarla o no siguen fielmente las instrucciones que le permitirán salir del mundo de la subestimación. Es cierto que este proceso comenzó muy temprano en la vida y la persona lo mantiene al sentirse incapaz de lidiar con esos sentimientos de indignidad. Pero, si se encuentra en la adultez, no solo tiene la opción sino la responsabilidad de enfrentar su problema. Estoy convencido también de que algunas mujeres han pasado por experiencias tan difíciles que tienen frente a sí una tarea titánica muy difícil de superar. He aconsejado a mujeres que fueron violadas por sus padres, que luego como consecuencia de sus traumas y en forma natural, buscaron un marido abusivo y por ello viven en un destructivo mundo de dependencia. Además, muchas desconocen lo que deben hacer y en sus lugares de residencia no tienen los recursos que las ayuden a identificar el problema, tampoco tienen personas que las guíen y protejan y no han descubierto los pasos imprescindibles para enfrentar su situación.

La influencia del trasfondo familiar

Muchas de las causas de la subestimación de la mujer pueden estar íntimamente ligadas a su trasfondo familiar. Padres que no tuvieron la estima adecuada por sus hijos y que les criaron en un ambiente de desprecio afectan el futuro de ellos. Padres que no dieron el valor que sus hijos tenían y que más bien constantemente rechazaban a sus hijos dejan severas marcas en su personalidad. Además, el abuso verbal, emocional y sexual en la niñez es una de las experiencias más traumáticas que puede vivir un niño.

La educación que les dieron los padres a los hijos también influye en su personalidad. El ejemplo de irrespeto entre los padres y la constante batalla en el hogar que produjo repetidas experiencias de amenaza y temor, prepara a los hijos para actuar permanentemente a la defensiva.

Los padres pueden provocar un gran sentimiento de inferioridad e indignidad en sus hijos, dependiendo de la forma en que los tratan. El niño nace y permanece examinando su propia dignidad. De modo que valorará su vida de acuerdo a lo que siente por el lugar que ocupa en su hogar y el respeto que le brindan quienes se supone que deben amarlo.

La mente tiene una gran capacidad de archivo. Cada fracaso, cada maltrato que le hizo sentir indigno va quedando archivado. Cada fracaso de nuestra vida, mientras más traumático haya sido, más fácil de recordar será y más efecto tendrá en lo que pensamos acerca de nosotros mismos y de los demás.

Todos nacemos con un gran deseo de vivir evaluando nuestra propia dignidad. Así como es innato el deseo de reír o hablar, también lo es el de sentirse digno en una familia. Cuando el niño inicia su vida en el hogar, es allí donde va observando lo que ocurre en la relación que tienen los demás con él. Él se va desarrollando y va siendo testigo de todo lo que ocurre en sus relaciones. El niño observa si lo cuidan, lo atienden, lo acarician, lo miman, lo rechazan, lo maltratan o lo ignoran. Luego entra en contacto con un mundo externo que es el mundo social, pero la primera impresión y la forma como en ese hogar confrontan el maltrato que puede recibir exteriormente o la forma como le enseñan a enfrentar la presión externa, tiene gran importancia en el desarrollo de la estima de la persona. Ese efecto destructivo puede ser más grande si las experiencias en el hogar paterno son muy dolorosas. Hay niños muy pequeños que comienzan a pensar que son feos, que son una carga, que molestan, que estorban o que son tontos. Recuerde además que la mente nunca olvida nada y que aunque no sean notorios los efectos de la despreocupación o el maltrato sufrido en la infancia, estos pueden aparecer en cualquier momento, sobretodo si se han acumulado muchos sentimientos de inferioridad y la persona comienza a vivir experiencias similares en su pubertad, juventud o vida adulta.

Sentirse sin valor y dignidad, no amarse a sí mismas como deben hacerlo, es uno de los más comunes problemas que enfrentan las mujeres, especialmente aquellas que han pasado la mayor parte de su vida como amas de casa. Aun en las mujeres que disfrutan de una relación conyugal adecuada y que no tienen mayores problemas de salud ni conflictos emocionales, aparecen temporadas de frustración debido a la subestimación que experimentan.

Es imposible que una mujer casada con un hombre que la desprecia y maltrata no sea afectada. Cuando una persona no es tratada con dignidad, su concepto de sí misma va siendo destruido y se impone el concepto erróneo que de ella tiene la persona que dice amarla, pero la maltrata.

Alina no podía dejar de llorar después de conocerme en mi oficina. Había esperado mucho tiempo para hablar conmigo. Después de escuchar por años el programa de radio en su país, en Centro América, y mientras vivía un encierro de más de un año en su propia casa o como ella la describía, su propia prisión, decidió viajar y conversar conmigo. Había escuchado una serie de conferencias sobre un personaje bíblico llamado Elías. Este profeta vivió una seria temporada de depresión y no sabía cómo enfrentarla a pesar de su larga vida de dependencia de Dios, su fe y amor por Él, además de su larga trayectoria como un gran siervo. De la misma manera se sentía Alina. Ella había nacido en un hogar cristiano, había crecido en la congregación que asistía y había visto cómo Dios obraba maravillosamente. Pero ahora estaba consumida por terribles sentimientos de subestimación que la hundieron en una severa depresión. No había sido fácil vivir diez años de maltrato. Su esposo era un alcohólico violento

> *La mujer es maltratada porque no aprende a poner límites y permite lo que no debería permitir. La mujer que deja que abusen de ella los hijos o el esposo que dicen amarla es imposible que tenga una autoestima saludable. Ella tiene mucho valor, pero no reconoce el que Dios le ha dado.*

y grosero. Ella vivía en un mundo de culpabilidad pues se había casado en desobediencia a sus padres y con un joven que no era cristiano. Alina respondió a lo que ella juzgaba era un gran enamoramiento.

Dos series de mis conferencias en audio llegaron a sus manos. Una amiga que viajó a Ecuador adquirió las conferencias y se las llevó de regalo. «Fueron mi tesoro y las escuche literalmente decenas de veces. Poco a poco fui entendiendo lo que nunca había entendido». En mi conferencia titulada «¿Por qué abusan de mí?» supo que debía aprender a establecer límites. Lo hizo con dedicación y recibió las más severas palizas de su vida, pero siguió el procedimiento que expreso en esa conferencia y denunció a su marido a la policía tantas veces como fue posible. Luego buscó ayuda de su familia e iglesia hasta que logró separarse de él porque su vida corría peligro.

Después de diez años de maltrato, la mente de Alina había archivado un sinnúmero de frases denigrantes. Había recibido tantas amenazas, insultos y aseveraciones de que no servía para nada, que eso mismo salía de su boca mientras me contaba con grandes detalles la terrible experiencia vivida. «No sirvo para nada»; «No sé hacer nada»; «No creo que pueda salir de esta depresión», eran algunas de las frases que repitió varias veces durante nuestra conversación. Eso era lo que Alina había aprendido, así la trataron, de eso la convencieron y ahora, pensaba así. No fue una tarea fácil lograr dominar esa terrible presión, pero después de meses de tratamiento, logró tomar decisiones duras aunque sabias y salir de su severa depresión.

La influencia de la relación con los hijos y el cónyuge

La relación con los hijos marca a una mujer. Es una relación con muchas tensiones que demanda lo mejor de ella y muchas veces en su intento por ser una mejor madre, la mujer da más de lo que puede sin que resulte en un agotamiento físico y emocional. Los hijos adolescentes que irrespetan a su madre y los jóvenes que se rebelan causan serias tensiones en ella, especialmente si es una madre cabeza de hogar que trata de ser padre y madre a la vez.

La conducta rebelde, el desinterés y la vida inapropiada de los hijos pueden causar mucho dolor. Pero también la relación no saludable con su cónyuge y la falta de interés de este, pueden ser una causa de terrible baja en su autoestima. Tristemente existen muchas mujeres que han aceptado los mensajes erróneos de las personas que las rodean y las presionan, pero no conocen ni aceptan lo que Dios piensa de ellas. Ellas no saben lo que valen, ni aceptan su dignidad ni su valor. Muchas mujeres amas de casa sienten falta de confianza en sí mismas, se sienten inseguras e impotentes frente a los desafíos de la vida. Esto muchas veces las lleva a sentirse atrapadas, ignoradas, por lo que enfrentan severas temporadas de amargura y desesperanza.

Muchas mujeres en la edad mediana, pasan por serias temporadas depresivas, pues mientras estaban obligadas a mantenerse excesivamente ocupadas por las constantes demandas, no tenían tanto tiempo para detenerse a pensar en su dignidad ni en su situación personal. Las demandas de los niños, las responsabilidades en el hogar y la atención al marido ocupaban su mente constantemente. Pero, luego, después de pasar por esa etapa de la vida, cuando llega el momento en que todos los hijos están en la escuela y ella queda sola en la casa, puede que se vuelva muy depresiva. De la cantidad de hijos que tuvo, de la frecuencia con que nacieron, también depende la cantidad de años que han pasado para que llegue el momento en que la mujer pueda disfrutar de un poco de libertad. Obviamente un hijo demandará menos tiempo y esfuerzo que varios. También, de la cantidad de años que ha ocupado en la crianza de los hijos, puede depender la cantidad de años que la mujer haya estado ausente del competitivo mundo profesional. Si son muchos los años, y menos experiencia ha ganado para desempeñarse en el mundo profesional, más grandes serán sus temores de salir a trabajar. Algunas mujeres que pueden hacerlo pues sus hijos están grandes, sienten que no están preparadas para cumplir otras funciones. Mientras más solas pasen, mientras más tiempo vivan encerradas en su casa, mientras menos ejercicios hagan y menos se ocupen y mientras más trabaje el marido, más grande será el vacío que sentirán. Muchas se sienten realizadas por haber dedicado tiempo a sus hijos, pero también se sienten vacías de recursos para enfrentar la vida, sobre todo si viven con un marido ausente o son divorciadas.

Libre de responsabilidades, pero presa de costumbres

Es natural que las mujeres que han dedicado muchos años a la crianza de sus hijos, cuando tienen algo de libertad para dedicarse a ellas, tiendan a ignorarse y a no actuar como buenas mayordomos de sus vidas.

En nuestro hogar pasaron por lo menos doce años para que llegara el momento en que mi esposa estuviera sola en casa regularmente, cada mañana, de lunes a viernes. Cuando

*Muchas mujeres que se acostumbraron a servir con
amor a su familia y a cumplir sus responsabilidades con
excelencia, tienen una errónea tendencia. Debido a su
complejo redentor y a que no se preocupan de satisfacer
sus necesidades integrales, cuando sus hijos son adultos
y necesitan independencia, a pesar de estar libres de las
responsabilidades adquiridas, viven presas de las costumbres aprendidas.*

mi hijo menor entró a la escuela, el mayor tenía doce años. Por
fin todos salían en la mañana a la escuela y por algunas horas
podía estar sin hijos. Habían pasado doce años de serios sacrificios. El sacrificio fue hermoso, pero la labor dura. Existía
la satisfacción de haber dedicado su vida a sus hijos, pero
también la marcaban las huellas físicas y emocionales del cansancio. Ella estaba llegando al fin de una etapa, pero también
llegaba extenuada.

Por otra parte, se había acostumbrado a dedicarse completamente a los hijos y me di cuenta de que era muy difícil que
aceptara que podía dedicarse a sí misma. Si a eso agregamos
que habían pasado catorce años de una cierta clase de aislamiento del mundo exterior y de negación e impedimentos
para desarrollarse intelectual y profesionalmente, podemos
comprender los temores que le invadían.

Las mujeres que se han dedicado a las labores de casa y
a una vida dedicada a la crianza de sus hijos pueden pasar
muchos años de reclusión en sus hogares. Algunas pasan diez
o quince años sin descansar de la labor rutinaria. Finalmente
cuando llegan al momento en que los hijos salen de la casa

para iniciar su mundo escolar, muchas mujeres se encuentran en los veinticinco o treinta años. Han pasado cuatro o cinco años de alejamiento de ese mundo externo de desafíos y ya se evidencian varios temores. Con ello viene un nuevo mundo de responsabilidades. Hay que llevar niños a la escuela, hay que levantarse temprano a atenderlos, ayudarles en los deberes escolares y asistir a reuniones de padres. Las actividades en vez de disminuir aumentan y se diversifican las responsabilidades. Luego llega una nueva etapa. Los hijos entran a la escuela secundaria. Ya deberían tomar algunas responsabilidades y no requerir tanto cuidado, pero como están entrando en la adolescencia, también llegan a la casa nuevos problemas. El niño dependiente de su madre se transforma en un niño con cuerpo de adulto, pero todavía con mente de niño. Esos adolescentes iniciarán su camino a la independencia sea que sus padres lo quieran y que los preparen o no. Luego esos adolescentes se transformarán en jóvenes que desafiarán a sus padres y lucharán por tomar decisiones en forma independiente. Esos hijos inician su camino a la independencia y lucharán, aunque sea con la madre que les ha dado su vida, si es que ella quiere impedirles tomar sus propias decisiones.

Tristemente muchas mujeres que no se preparan para esas transiciones y que no van preparando a sus hijos, ni se preparan ellas para la independencia, están preparando sus vidas para un mundo de serias frustraciones. Una buena época de su vida puede transformarse en su más grande pesadilla y vivir momentos decepcionantes si cuando tiene la oportunidad de vivir libre por la nueva etapa de la vida de sus hijos, se siente amarrada por las costumbres adquiridas.

Como toda etapa de la vida, la edad mediana tiene sus grandezas y sus flaquezas. Es una etapa altamente emocional, de grandes cambios y en que tendemos a seguir haciendo aquello que acostumbramos por tantos años, a pesar de que ya no es necesario. He aconsejado a muchas mujeres que cuando los hijos comienzan a ser más independientes y ellas también pueden serlo, actúan como dependientes pues tienen serios problemas para desprenderse de ellos. A algunas madres de jóvenes les cuesta darles la libertad que ellos demandan pues temen que se vayan al extremo del libertinaje.

Es paradójico pero real que cuando algunas mujeres ya tienen hijos menos dependientes, quieren mantenerlos dependientes y cuando se acerca una temporada que les permita algo de descanso y alivio de algo de tensión, están a punto de entrar o entrando a la crisis de la edad mediana, en la que tenderán a la depresión.

La edad mediana motiva a las personas a realizar serias evaluaciones de lo que han hecho en la vida. Muchas mujeres

A veces la situación matrimonial es tensa y más complicada pues el marido se encuentra muy cansado por el esfuerzo de tantos años que ha realizado y pasando por una crítica etapa de segunda adolescencia; además, su esposa se encuentra cansada de trabajar, criar a sus hijos y en medio de una complicada crisis existencial. Ambos deben actuar con prudencia o buscar ayuda pues esos dos estados no son ideales para las buenas relaciones matrimoniales.

se sienten satisfechas por haber dado lo mejor a sus hijos, pero por su gran cercanía y debido a la dedicación y a su constante preocupación, pasan por momentos de crisis. La crisis de la edad mediana deja en la mente de las personas serias interrogantes con respecto a su futuro y mientras menos preparación tenga la mujer, más fuerte puede ser su preocupación.

Otra dificultad que encuentra la mujer es que en esa etapa, generalmente el esposo pasa por la misma crisis. En una relación normal y ante circunstancias normales, el esposo ha hecho tanto esfuerzo por establecer las bases económicas de su familia que ha pasado mucho tiempo fuera de casa. Muchos padres, debido a su dedicación al trabajo, han perdido la cercanía con sus hijos y por supuesto con su esposa. A veces la situación matrimonial es tensa y la situación es más complicada pues él está cansado pasando por una etapa de segunda adolescencia y su esposa en una complicada crisis existencial. Esos dos estados no son ideales para las buenas relaciones interpersonales.

La edad mediana es una etapa peligrosa en la vida conyugal. Los hijos adolescentes, el esposo y la esposa en crisis de cambios preparan el ambiente para una seria crisis familiar.

Cuando las mujeres ven lo amenazante de su relación, aumenta grandemente su angustia. Agrava la situación de una ama de casa el hecho de sentirse incapaz de enfrentar la vida por sí sola en el caso de una muerte o separación de su marido.

En esta etapa de la vida y debido a la impotencia que siente, la mujer se da cuenta de que ha pasado su vida dependiendo de su esposo en todo o en la mayor parte de las cosas. Se da cuenta de que en gran medida es una dependiente económica, emocional y social de su marido. Muchas mujeres no saben ni cómo defenderse solas pues el marido siempre ha tenido control de la economía, actividades y decisiones de la vida familiar. Esa es la situación ideal para que una mujer enfrente esa etapa de la vida con un profundo sentimiento de inadecuación. Esa mujer experimentará una gran soledad. Muchas veces se sentirá desesperada y con ansias de recibir apoyo y tener cercanía y en otros momentos hasta que no vale la pena su relación o su vida. Si su autoestima ha bajado, la mujer piensa que muchas otras personas tienen más talento y habilidad que ella y se siente impotente. Algunas creen que no son lo suficientemente atractivas como para llamar la atención de sus maridos y poco a poco les sigue aumentando un sentimiento de culpa y fracaso. Algunas pueden sentirse fracasadas como madres, pues debido a los conflictos que se dan en la vida de sus hijos en la adolescencia se sienten impotentes y debido a los conflictos que crean los muchachos y los cambios que experimentan, algunas creen que ni aun ese sacrificio valió la pena.

ELENA Y SU PROPIA CRISIS

Elena había dado todo por sus hijos y ahora pensaba que ni siquiera ellos parecían comprenderla. Notaba que aquellos polluelos que le habían seguido a todo lugar, ahora se alejaban de ella y no podían tener la cercanía que acostumbraban tener. Agravaba su estado el hecho de que como esposa se sentía sola y abandonada pues su marido trabajaba todo el día. No trabaja más que el común de los hombres, pero Elena vivía una crisis pues debido a sus sentimientos de inadecuación todo lo veía ampliado. Por muchos años había permanecido callada sin confrontar a su esposo por cosas que debía y ahora explotaba en arranques de ira, aun por cosas pequeñas.

Esporádicamente y después de temporadas de presión, Elena había tomado algo de descanso, pero ahora tenía temor de salir sola y se había encerrado en su casa. Se había convertido en un volcán que estaba a punto de erupción. Cuando llegó a mi oficina me dijo que realmente había permanecido casada porque sus hijos eran pequeños, pero que ahora estaba pensando en su inevitable separación.

Elena no era una mujer mala, solo una mujer deprimida que no se daba el valor que tenía. Miguel tampoco era un hombre malo, solo uno confundido que no sabía lidiar con la presión que le provocaba esa difícil situación. Elena y Miguel pudieron salvar su relación matrimonial pues cuando se dieron cuenta de su impotencia, buscaron ayuda profesional.

Dos buenas personas confundidas

Siempre que nos sentimos incapaces de enfrentar una situación experimentamos confusión. Siempre que postergamos la búsqueda de ayuda o el tomar medidas para confrontar una situación, podemos experimentar mucha confusión. Eso era precisamente lo que vivían Elena y Miguel.

Después de las primeras citas me di cuenta de que Elena se había convertido en una persona impredecible. Vivía en constante angustia, su genio era muy cambiante y su esposo, a pesar de sus buenos deseos, no podía entender lo que le sucedía. Por meses había tratado de ayudarla de acuerdo al conocimiento que tenía, pero nada había sido efectivo. Miguel constantemente le pedía que hablara, que le explicara lo que sucedía, pero Elena no quería hablar. Miguel trataba de ser comprensivo, pero se sentía impotente. La invitaba a salir, pero ella prefería estar encerrada en su cuarto. Poco a poco su marido se fue decepcionando pues se dio cuenta de que no funcionaba ninguna de las herramientas que con esmero había estado utilizando. Miguel hacía serios esfuerzos para comunicarse con ella, pero Elena se mostraba infranqueable. Eso produjo severos conflictos en la relación matrimonial pues su esposo al llegar a la decepción determinó dejar de discutir, pero eso significaba que su nueva estrategia era huir. Él comenzaba a ignorarla pues de ninguna manera quería presionarla. Miguel comenzó a alejarse, a trabajar más horas, cuando llegaba a casa prefería estar con los hijos y el fin de semana prefería salir en vez de tener que lidiar con la difícil actitud de su esposa. Ahora las reacciones de su marido no eran las mejores. Miguel decidió no tratar nada más y comenzó a verla como una mujer insatisfecha, insegura y que no lo quería.

Los padres que no disciplinan a sus hijos cometen el grave error de motivarlos a tener un más alto concepto de sí que el que deben tener. Los padres que actúan como tiranos motivan a sus hijos a creer que no tienen valor y dignidad. Toda influencia extrema es errada pues abre el camino para que adoptemos una actitud desequilibrada.

Miguel vivía en un mundo dividido. Por una parte, se sentía satisfecho de haber llevado a su familia a un buen nivel económico, pero decepcionado porque creía que su esfuerzo no había servido de nada. Se sentía decepcionado pues pese a todo lo logrado no podía lidiar con la permanente sensación de infelicidad de su esposa. Elena llegó a mi oficina con sentimientos de decepción. Su cara reflejaba su amargura. Ella no sabía cómo salir de su triste situación y aunque por momentos tenía el valor de tirar todo por la borda, la presión económica, la presión de la sociedad o sus propias creencias le impedían tomar una determinación.

En las sesiones de asesoramiento descubrí que la situación era difícil. Elena ya no podía dormir normalmente. Dormía como despierta y andaba como dormida. Se levantaba cada mañana por obligación y cumplía con sus quehaceres con determinación, pero cuando los hijos se marchaban a la escuela, su marido al trabajo y una vez más estaba sola, experimentaba nuevamente esos sentimientos de inadecuación. Elena se sentía culpable durante algunas horas de la mañana pues se sentía más tranquila por algunas horas al estar sola ya que no soportaba las demandas de los hijos ni lo que ella consideraba como la indiferencia de su marido. Pero cuando estaba sola, se sentía angustiada pues lo que más deseaba era la compañía de la familia que amaba. El quedarse sola le permitía volver a su privacidad, pero la soledad la movía a volver a pensar y pensar en lo que no quería. Esa permanente sensación de angustia no le permitía cumplir con todas las demandas que diariamente debía enfrentar. Elena se sentía inadecuada para la vida y eso no había ocurrido súbitamente, su decepción había llegado lentamente.

El poder de la influencia

Como hemos visto, el concepto que los demás tienen de nosotros puede ejercer una gran influencia positiva o negativa en lo que pensamos respecto de nosotros. Y esto es la clave que nos permite vivir una vida normal o perjudicial.

No solo el irrespetar o maltratar a un niño puede producir efectos negativos, también pueden crecer con una estima afectada los niños de padres que les dieron atención excesiva. Por ello, no solo las mujeres que fueron despreciadas cuando niñas pueden tener un concepto inadecuado de ellas mismas. También pueden sufrir las mujeres que fueron el centro de una excesiva atención en sus hogares. Si sus padres, sus familiares o sus amigos tuvieron un alto concepto de ellas y les dieron atribuciones que no debían, y les permitieron acciones que deberían haber sido corregidas, pueden haber preparado el ambiente para que esa niña tuviera una exagerada autoestima. A veces por su simpatía, en otras ocasiones por su vivacidad o belleza, que son factores muy llamativos, algunas personas equivocadamente tienden a mimar a sus hijas al extremo. Somos afectados cuando nos ignoran y cuando nos han convertido en el centro de atención y nos permiten actuar sin restricción.

El orgullo que llevó al orgullo

Algunos padres no tienen límites en su orgullo y por no corregir sabiamente permiten que sus hijos se conviertan en manipuladores y engreídos. A veces, algunos padres orgullosos de sus hijos en vez de corregirlos sabiamente los consienten constantemente. Marta era muy articulada y dinámica. Los padres la admiraban por decir las cosas en forma directa y sin temor. Ellos celebraban sus respuestas espontáneas y el nivel de conocimiento en sus conversaciones pues en cada una de ellas demostraba que era una niña precoz. Se sentían orgullosos de su inteligencia y admiraban su don de líder y cómo ordenaba con insistencia lo que quería. Sus padres generalmente decían: «Ella no tiene pelos en la lengua. Dice lo que siente». Hasta un cierto aire de orgullo emanaba de esa declaración paterna y la niña se sentía grandiosa cuando sus padres la admiraban.

Marta aprendió erróneamente que el mundo giraba en torno a ella, que sus gustos eran demandas y que ella estaba a cargo de su hogar. Pero todo cambió cuando se casó. Jorge era el otro lado de la moneda. Había sido criado en un hogar donde sus padres no tenían muy buena relación y su padre era un gran proveedor económico de las necesidades de sus hijos, pero siempre tenía una actitud autoritaria. Jorge era un hombre machista y aunque por un tiempo cedió en algunas áreas su liderazgo, por comodidad, poco a poco fue creciendo su inconformidad hasta que comenzó a actuar cada vez con más autoritarismo pues había determinado que su esposa no lo dominaría. Por años habían compartido una relación antagónica que había sumido a Marta en una profunda decepción. Su sinceridad para decir las cosas, la había convertido en una mujer entremetida. Su dinamismo y don de líder no tenían una buena estructura y la llevaron al desequilibrio. Marta no lideraba, dominaba. Ella no decía las cosas sinceramente sino imprudentemente. Lo que erróneamente habían valorizado sus padres, ahora era despreciado por su esposo. Marta buscó mi consejería en medio de una temporada de angustia y depresión por sus fuertes sentimientos de inadecuación. Su transformación fue radical. De una niña que pensaba que podía hacer lo que quisiera, ahora estaba en el momento en que pensaba que no servía para nada. Veintitrés años al lado de sus padres le hicieron sentir que era digna de respeto y admiración, pero también le entregaron las llaves para aprender el dominio y la opresión. Solo seis años de matrimonio la presionaron a una vida muy diferente. Marta vivía inundada con sentimientos de inadecuación que le habían producido una larga temporada de depresión.

LA INFLUENCIA DE LOS CONCEPTOS BÍBLICOS ERRÓNEOS

Entre el pensamiento cristiano bíblico y el de la sociedad no cristiana, existen grandes diferencias. No es la excepción la concepción de la forma como obtenemos nuestra autoestima. Quienes amamos a Dios debemos pensar diferente. Quienes creemos en Dios y que somos criaturas creadas por Él para su gloria y con la capacidad de vivir realizados, debemos creer que la estima que tenemos no proviene de lo que la gente piensa de nosotros, sino de lo que nuestro Creador piensa al respecto.

Tristemente aprendemos a medirnos por los estándares de la sociedad más que por los del Dios creador de nuestro potencial y nuestra habilidad. En la sociedad aprendemos algo diferente a lo que la Biblia enseña. Muy temprano en la vida observamos que en ella, la gente es brillante, hermosa, que los que se visten elegantes, tienen dinero, son talentosos, tienen títulos universitarios, una gran profesión y altos puestos en las empresas, generalmente son personas valiosas y estimadas. Eso nos mueve a comenzar a medirnos por esos valores y creer que para tener valor y dignidad debemos vivir así. Algunas mujeres se sienten inferiores por no ser tan bellas como las imágenes e ideas de belleza que proyecta la sociedad. Muchas no determinan si son gordas o flacas por la constitución particular de su cuerpo y de acuerdo a su contexto y altura, sino por cuán gordas o flacas son las modelos que se exhiben en las pasarelas de los desfiles de modas. Esa comparación con ideales inalcanzables para la persona común, afecta la autoestima de algunas personas.

Lamentablemente aprendemos a medirnos por las ideas y pensamientos de otros cuando debemos medirnos por lo que piensa el Dios que nos creó. Aprendemos a mirarnos en el espejo de las opiniones de otras personas y nos sentimos inadecuados, especialmente si los padres o cónyuges nos maltratan y humillan.

El cristianismo nos enseña que no debemos mirarnos en el espejo de las ideas y opiniones de otros. Debemos aprender que lo que más nos debe interesar es lo que Dios piensa de nosotros.

La Biblia dice que ninguno «tenga un más alto concepto de sí que el que debe tener, sino que piense de sí con cordura...» (Romanos 12.3). Es una orden: Nadie tenga un concepto exagerado de sí mismo. Esa condición de orgullo conduce al individuo a despreciar a los que les rodean. La jactancia y la vanidad motivan a subestimar a los demás. Dios no quiere que adoptemos esa errónea filosofía de vida pues impide las relaciones interpersonales saludables.

Dios tampoco desea que nos subestimemos, pues nos ha creado como personas que tienen valor y a todos nos ha dado el potencial de ser lo que planificó que fuéramos. Él no se equivocó al crearnos y nos da todo el potencial y las capacidades necesarias para que vivamos realizados. La orden divina es que pensemos de nosotros mismos con cordura. Dios nos anima a pensar de nosotros con mesura, con moderación, que tengamos un buen juicio de nuestras vidas. Eso significa que tengamos un concepto adecuado, un concepto equilibrado de nosotros.

Para que no viva inundada por sus depresiones, es esencial que la mujer tenga una adecuada autoestima y para ello debe comenzar a creer lo que Dios piensa de ella. Debe mirarse en el espejo del Dios que la creó y que le dio todas las habilidades necesarias para que fuera lo que Él determinó. Ella debe entender que nadie tiene el derecho de exigirle que sea algo diferente a lo diseñado por Dios. Debe entender que aunque nadie la ame, y todos los seres humanos cometan serios errores, Dios la ama y nunca se equivoca. Que aunque ahora no vea demostraciones de las habilidades que Dios le dio, Dios si le dio dones y talentos que deben ser desarrollados y que por ignorancia han quedado sin desarrollo.

De acuerdo a la instrucción bíblica, la autoestima saludable está basada en la confianza de que fuimos creados por Dios y que pese a nuestra naturaleza pecaminosa, cuando tenemos una relación saludable con Cristo, somos restaurados a una nueva vida. A pesar de un pasado oscuro o pecaminoso, los hijos de Dios podemos vivir un presente saludable pues estamos equipados con el poder del Espíritu Santo y tenemos la Biblia que nos instruye para saber vivir conforme a los principios y valores divinos.

La mujer debe aprender a estimarse de la forma en que Dios la estima y debe comprender que tiene valor y dignidad independientemente de la labor que realice, independientemente de su cultura, educación o condición social. Toda mujer debe comprender que Dios no la ama por lo bella, delgada que es o por las cosas que tiene, sino por los talentos y dones que Él le regaló en el momento de su creación y que ella debe desarrollar para lograr su realización.

La filosofía humanista que enfatiza lo exterior afecta la forma como muchas mujeres se ven a sí mismas, pero también les afecta el ataque o por lo menos la poca importancia o desprecio que sutilmente se hace a la labor de una dueña de casa. La labor de ella ha sido objeto de burla y menosprecio. Muchas dueñas de casas dedican gran cantidad de tiempo a la atención de sus seres queridos, pero su labor no siempre es reconocida. Aunque a veces recibe cortesías de sus familiares, casi siempre en el comportamiento y las actitudes de los hijos y los esposos hay un mensaje distinto y generalmente no recibe el aprecio que merece. Hay determinadas ocasiones del año en que una madre y dueña de casa es reconocida, pero esa no es una actitud que mantienen sus familiares permanentemente ni su sacrificio es reconocido con regularidad.

En el día de la madre, en el cumpleaños y en la temporada de Navidad, ellas son objetos de un reconocimiento público y privado, pero no es todo lo que necesitan. Ser ama de casa y haber sacrificado su vida por el bienestar de sus hijos no otorga ningún título, no abre posibilidades de superación en la sociedad. Los años de experiencia limpiando niños, haciendo camas, arreglando la casa y cocinando para su familia no sirven en el mundo profesional, solo sirven para presentar una solicitud de trabajo como empleada doméstica en la sociedad en que vivimos. En el mundo laboral, no existe un trabajo importante y bien remunerado que pueda ser ocupado por una persona con un currículo de ama de casa o experta en criar a sus hijos. Creo que ninguna viuda que haya dedicado toda su vida a criar a sus hijos, recibe ofertas de trabajo que le ayuden a sustentar a su familia cuando su esposo muere. Por ello, una mujer que ha dedicado su vida a su familia, no se ha preparado profesionalmente, y sus hijos se han marchado de casa puede quedar con una autoestima tan baja que la sumerge en las profundidades de la angustia y la soledad.

Si usted agrega a esa realidad, el hecho de que existe un gran porcentaje de maridos que no expresan permanentemente su aprecio por el sacrificio y dedicación de sus esposas, descubrirá por qué la mujer puede vivir con mucha angustia y meterse en temporadas depresivas.

Además, la sociedad nos ha dado un concepto de atractivo físico que no encaja casi nunca con la figura de un ama de casa. Si en este proceso una mujer ha perdido lo que la sociedad considera como atractivo físico y piensa que solo cumpliendo esas normas de la sociedad será exitosa, también afectará su autoestima. Son pocas las mujeres que desempeñando su papel de amas de casa logran tener el suficiente incentivo para mantenerse en forma. Por lo tanto, la tendencia generalizada es a sentirse poco atractiva. También podemos agregar que generalmente los hombres tenemos la tendencia a valorar más al sexo masculino por la capacidad intelectual que la belleza, pero tendemos más a valorar a las mujeres por su belleza que por su capacidad intelectual.

El remedio: Creerle a Dios

Mientras usted más analiza las Escrituras más se da cuenta que Dios piensa diferente. Observará que Dios desea que tengamos un concepto apropiado de nosotros. Que no pensemos más de nosotros mismos que lo que debemos pensar, pero tampoco que pensemos menos de lo que somos como creación divina. Nosotros nacemos con la tendencia a que todo gire alrededor nuestro. Tendemos a querer ser el centro de la atención. Esa tendencia solo puede ser quebrantada cuando establecemos una relación saludable con Dios y vivimos una vida ordenada y equilibrada. Sin una relación saludable con Dios nadie puede dominar su orgullo, que es una autoevaluación irreal que hace la persona de sí misma. El orgullo nos mueve a pensar que somos superiores a los demás. Sin amar genuinamente a Dios, sin recibir apropiada instrucción bíblica, sin determinar creerle a Dios y vivir en la realidad que Dios nos aconseja, la persona no tiene la posibilidad ni las herramientas adecuadas para batallar y vencer la autoevaluación irreal que realiza y que le produce una baja autoestima. Con esa errónea autoevaluación la persona se siente inferior a los demás, a pesar de que es igual a ellos, aunque tenga talentos, estilos, condición económica e inteligencia diferente a los demás. Cuando aceptamos el extraordinario concepto que Dios tiene de nosotros en vez de creer lo que nosotros erróneamente opinamos de nosotros mismos o en vez de creer lo que otros opinan de nosotros, entonces y solo entonces vivimos una vida equilibrada. Cuando amamos a Dios, y cuando el amor de Dios ha sido derramado en nuestros corazones, podemos amarnos a nosotros mismos y amar a los demás por lo que son ante Dios y no por lo que nosotros queremos que sean. Solo cuando aprendemos a amar a Dios tenemos la sabiduría y la capacidad para batallar contra la idea de que somos el centro de todo y aceptarnos como una creación de Dios, que por el pecado tiene defectos que debemos mejorar pero que también tiene virtudes que debemos saber utilizar.

Una persona puede tener una autoestima saludable cuando sabe que Dios lo creó con un propósito maravilloso y que nadie puede impedirle ser lo que Dios quiere que sea. Quien ama a Dios y sabe que Dios le ama, está contento con su tamaño, el color de sus ojos, el color de su piel, su sexo, aunque no sea perfecto.

Quien tiene una autoestima saludable, se ama y se acepta como Dios lo ama y lo acepta, y aprecia lo que otros son porque Dios los hizo con las características que tienen. La autoestima saludable nos permite amar y aceptar a los demás aunque también rechazamos sabiamente sus acciones erróneas. Tener una buena autoestima significa que se sabe distinguir entre la saludable negación de mí mismo, de mis pasiones desordenadas y hábitos pecaminosos y la degradación de mí mismo que me motiva a ignorar mis derechos y aun aceptar el maltrato. Negarme a mí mismo significa que estoy dispuesto a negarme las pasiones pecaminosas, que estoy determinado a batallar contra mi egoísmo y orgullo. Autodegradación significa privarse de su dignidad, de su valía, de su honra y sus privilegios y ese no es de ninguna manera el consejo que encontramos en la Biblia.

Es cierto que la Biblia declara que por ser pecadores y habernos rebelado somos indignos del amor, la gracia y la misericordia de Dios, pero también declara que por su gracia y amor nos perdona y declara que somos personas de valor y dignidad, amados inconmensurablemente por el Dios que nos creó.

Una persona con la autoestima saludable se ama a sí misma pero no al grado de convertirse en narcisista, egoísta, egotista o egocentrista. Dios demanda que tengamos un saludable amor por nosotros mismos y esto significa que debemos amarnos no conforme a las ideas de la sociedad, no conforme a nuestros deseos pecaminosos o nuestras pasiones desordenadas, sino que debemos amarnos de una forma saludable, tal como Dios nos ama. Toda mujer cristiana debe crecer en su fe y convertirse en una persona madura con una autoestima saludable.

Toda mujer debe comprender que Dios no la ama por lo bella, por la figura esbelta que tenga ni por las cosas que tenga, sino por los talentos y dones que Él le regaló en el momento de su creación y que ella debe desarrollar para lograr su realización. Vivimos con una estima saludable cuando creemos que Dios nos creó con valor y dignidad y vivimos de acuerdo a esa verdad.

6

La ausencia de romanticismo e intimidad apropiada: Tensión que destruye la relación conyugal

---

Debido a que la mayoría de las mujeres
creen que su autoestima aumenta
principalmente por la adecuada relación
romántica que tengan, cuando en su
relación conyugal no disfrutan de romanticismo ni tienen la intimidad adecuada,
no solo tienden a subestimarse sino a vivir
decepcionadas.

Tengo el gran privilegio de encontrarme anualmente con miles de personas. En mis conferencias cientos de ellas intentan compartir conmigo algunas de sus inquietudes o angustias, por lo que he escuchado a miles de mujeres. Las preguntas que me plantean en los seminarios que realizo siempre son impactantes. He notado que la gran mayoría de las mujeres que se acercan a relatarme en cuanto a sus áreas de frustración tienen algo en común. Ellas mencionan lo lamentable y traumática de su vida sexual y la insatisfacción que experimentan debido a la ausencia de romanticismo en su relación conyugal.

En este capítulo hablaré precisamente de estos dos elementos que son indispensables para que la mujer desarrolle una relación conyugal saludable. El romanticismo lo definiré como el lubricante y motivador de las relaciones conyugales saludables y la intimidad como la conexión esencial entre dos personas que se aman.

Durante los años de la guerra, algunas enfermeras tuvieron el trabajo de suplir las necesidades de los niños cuyos padres habían muerto trágicamente y en forma prematura. A esos bebés se les dio la alimentación, el refugio y el cuidado adecuado, sin embargo, el porcentaje de mortalidad era alarmantemente alto. Esa tendencia continuó hasta que descubrieron algo realmente importante. Cada día las enfermeras, no solamente les alimentaban, los vestían y los bañaban, sino que además tuvieron que cumplir una función de madre. Ellas debían abrazarlos y mimarlos tal como lo haría una madre. La razón de esa medida fue que descubrieron que los niños estaban hambrientos de ternura y aprecio. Estoy convencido de que eso sienten muchos hombres y mujeres. Igual que esos niños, no entienden su necesidad, pero existe. Es que en los seres humanos no solamente existe una necesidad de alimento, de abrigo, de protección, sino que además existe una necesidad de amor y de cercanía que tiene que ser satisfecha para que podamos vivir una vida normal. Lo que era verdad en los niños, es verdad también en los adolescentes y los adultos. El matrimonio es el instrumento establecido por Dios, en el cual puede existir la más íntima y profunda de las relaciones. No existe otra relación tan íntima como la matrimonial.

El romanticismo:
Lubricante de las relaciones conyugales

Muchas parejas se sienten decepcionadas porque no existe romanticismo en su relación conyugal. Incluso algunos hombres me han preguntado por qué les es más llamativo pasar tiempo con sus compañeras de trabajo que con sus esposas. Otros me han preguntado por qué es tan hermoso tener una relación emocional con una persona del sexo opuesto que ve solo de vez en cuando, en vez de sentirse atraído por la esposa con quien pasa muchas horas en casa. La verdad es que es natural buscar lo prohibido, nos atraen las personas simpáticas con quienes no compartimos diariamente y ningún cónyuge se siente decepcionado o distante súbitamente.

Ese vacío que sienten los cónyuges es el resultado de un proceso de alejamiento consistente que va produciendo esa actitud de indiferencia. Quien llega a sentirse de esa manera ha permitido que poco a poco la rutina y la desatención creen un vacío en la relación.

Lamentablemente muchas personas no resisten ese estado de separación, ausencia de cariño y romanticismo, por lo que comienzan a buscar ese calor en otra fuente. Si llegan a conocer a alguien que les haga sentir que son personas dignas y que les trata con ternura, pueden poco a poco ir aumentando su involucramiento emocional. La ausencia de cariño y ese mundo pasional y estimulante que se desarrolla paralelamente, es peligroso y destructivo. Cuando uno o ambos cónyuges sienten que necesitan cercanía, respeto y cariño, y no lo están obteniendo, se sentirán cada vez más vulnerables. La falta de cercanía y romanticismo del cónyuge deja un vacío que muchos buscan llenar erróneamente. Cuando uno de ellos o ambos dejan de tener los detalles que tuvieron cuando estaban en la etapa de conquista y no toman el tiempo para mantenerse cercanos y unidos, el resultado lógico será la lejanía y el desinterés.

Lamentablemente, ninguna persona motiva más a un hombre a buscar cariño y aprecio en otra mujer, que una

> *El hombre es motivado a buscar cariño y aprecio en una mujer diferente cuando su esposa es poco o nada cariñosa e indiferente. La mujer corre peligro pues es vulnerable si su esposo no se preocupa por ella y convierte el acto sexual en una unión de cuerpos solo para satisfacer su pasión. Los esposos que se encuentran en esa situación, no solo experimentan frustración, sino que están camino a una segura y lamentable separación.*

mujer poco o nada cariñosa e indiferente. Cuando un hombre anda mendigando cariño y es constantemente rechazado corre el peligro de sentirse vacío y buscar cómo llenar esos sentimientos genuinos de una forma errónea. Cuando una mujer convive con un hombre que no se preocupa por ella y que ha convertido el acto sexual en una unión de cuerpos para satisfacer su necesidad, esa mujer es vulnerable y la cercanía a alguien del sexo opuesto es peligrosa.

Cuando las personas viven con seres queridos que no prodigaron caricias y afecto, pueden quedar marcadas para toda la vida y por ello el acariciar, besar, tocar y abrazar a su cónyuge no le nace naturalmente y lo poco que hace, cree que es suficiente. Esta actitud equivocada derivada de las vivencias del pasado, producen conductas equivocadas que decepcionan al cónyuge que anhela romanticismo y cariño.

Dos románticos diferentes

Nos equivocamos en nuestro viaje por la vida si pensamos que lo que es más importante o lo que es más romántico para un hombre es lo más importante y romántico para la mujer. Este error es reforzado por el mensaje originado por las feministas, que dice que los hombres y las mujeres somos iguales. Por supuesto que tanto el hombre como la mujer anhelan amor, respeto, atención, etc., pero la forma como ambos lo expresan es muy diferente. Cuando nos damos cuenta de esta importante diferencia surge la posibilidad de comprender más al sexo opuesto y de enfocarse en los gustos y anhelos de la persona que amamos para así cumplir todo lo que sabiamente es posible. Es solo así que podemos convertirnos en buenos románticos y nuestra relación mejora sustancialmente.

He notado y estoy convencido de que en forma general las mujeres piensan más que los hombres en las personas que aman y esto de ninguna manera significa que amen más, sino que tienen un enfoque diferente. La mayoría de las madres se preocupan más por sus hijos durante el día que los padres y las esposas que aman a sus esposos, en un día piensan más en el esposo que les ama y por ello para muchas mujeres es importante hablar con sus cónyuges cuando estos están trabajando, mientras que los hombres vemos menos necesario hacerlo. Una forma de hacer sentir a nuestras esposas que nos preocupamos por detalles que ella necesita, es llamarla durante el día y hacerle saber que la amamos.

Actuar románticamente requiere de investigación y sinceridad. Requiere que los cónyuges investiguen cuáles son las cosas, cuáles los detalles, las acciones que les hacen sentirse amados. Es indispensable que preguntemos y examinemos cuáles son nuestras actitudes, palabras y acciones que iluminan el rostro de nuestro cónyuge y alegran su corazón. También es necesario que seamos honestos y contestemos esas preguntas con sinceridad de modo que revelemos lo que hay en nuestro corazón para que nuestro cónyuge reciba una adecuada orientación.

Lamentablemente hay cónyuges que no solo ignoran qué hace a sus cónyuges sentirse amados, sino que no les dan importancia a los detalles que a ellos mismos les hacen sentirse amados y no tienen interés en comunicarlos. Por ello la pareja no disfruta del romanticismo que es necesario para que la relación sea vibrante, apasionada y no una relación predecible, aburrida y rutinaria.

Algunos hombres tienen vergüenza de revelar sus anhelos y gustos relacionados con la vida sexual. Aunque lo sentimos y lo demostramos con nuestros enojos o presiones, pocos hombres hacemos conocer a nuestras esposas que la vida es muy importante para nosotros y que deseamos que ella luzca bien y disfrute teniendo relaciones sexuales con nosotros. Muchas mujeres tampoco hacen conocer su falta de deseo regular y cómo afectan muchos aspectos a su deseo sexual. Algunas no son sinceras y más bien poco a poco se van alejando y ganando su espacio. Cuando eso ocurre, el hombre se siente menos amado, de forma que va presionando y ella se siente más usada. Por ello en muchos matrimonios las mujeres no revelan sus necesidades, ya que creen que sus esposos deberían conocerlas y que no las están amando cuando viven exigiéndoles. Por otro lado, muchos hombres no dicen nada y se resienten creyendo que sus esposas los conocen y que no los aman, por lo que surge ese rechazo.

Mónica y su alejamiento progresivo

Mónica sufría y tenía temor por lo que estaba experimentando en su relación matrimonial. Ella había sido muy cariñosa con su esposo y le encantaba ser romántica, pero ahora sentía que había perdido todo deseo por estar cerca de su marido y menos aun pensar en los detalles que antes disfrutaba. Se había perdido ese mundo de sorpresas y encanto que antes de casarse y durante un par de años de la vida matrimonial había demostrado su cariño y romanticismo. Ese alejamiento no planificado le producía el temor de perder su relación conyugal. Tenían problemas en la vida sexual pues todo era mecánico y habían perdido el encanto. Ella sentía que su marido la presionaba y la usaba. Su esposo creía que ella se negaba porque ya no lo amaba.

Con la intención de lograr un mejor nivel económico, Mónica y su esposo se involucraron en sus trabajos al límite que vivían tensos. Estaban viviendo las consecuencias de las continuas ofensas por las tensiones que experimentaban. Él sufría por la indiferencia de su esposa y ella por las heridas que tenía producto de las reacciones agresivas de su esposo. Sin embargo, Mónica admitía que su marido no era el único culpable de ese terrible alejamiento. Después de varias sesiones de asesoramiento logró identificar sus propios errores. Admitió que poco a poco se había alejado de su esposo y por ignorancia acerca de la naturaleza sexual de su esposo, había evitado tener una vida sexual normal. Esa desatención y despreocupación por las necesidades sexuales de su marido, produjo en él un sentimiento de rechazo que lo mantenía alejado de ella. Mónica sabía que ella era culpable de no suplir la necesidad sexual de su marido y que él era culpable de la ausencia de romanticismo y cercanía, pero ninguno de los dos tomó la iniciativa para confrontar su situación con la determinación de encontrar solución.

La mujer casi siempre ve el romanticismo en el trato tierno, en la delicadeza, en la preocupación de su esposo, en las caricias, en el sentirse escuchada y comprendida y en los detalles. Los hombres por lo general vemos más el romanticismo relacionado con la vida sexual pues una esposa cariñosa, que se viste bien, que tiene detalles, que nos trata con ternura nos excita y motiva a las relaciones sexuales.

Generalmente la mujer necesita más que el hombre de los detalles, ya que son parte de ese hermoso mundo romántico. Aunque la mayoría de las mujeres son románticas, lamentablemente no todas saben que lo necesitan y no todas están listas para participar del mundo de ternura y caricias después de los primeros años de matrimonio debido a la rutina en que han caído o como una forma de protegerse de tener mayor continuidad en sus relaciones sexuales. Esto último se debe a que, por lo general, el hombre que es acariciado regularmente, se excita con más frecuencia y desea relaciones sexuales más consistentemente. Algunas mujeres, debido a su errónea formación, no creen sentir necesidad de cariño, pero aunque no lo aprendieron, lo necesitan desesperadamente en lo más profundo de su corazón. Normalmente quien anhela romanticismo y se siente decepcionada cuando no lo disfruta es la mujer, pero también algunos hombres sufren por la frialdad de sus esposas.

Eduardo: un romántico decepcionado

A Eduardo le encantaba ser cariñoso y sorprender a su esposa, pero se sentía decepcionado. Por lo menos durante unos cuatro años había sido un marido romántico, sin embargo, a ella parecía no importarle ni lo veía como algo maravilloso ni estimulante. Estela no mostraba alegría al recibir atenciones de Eduardo y más bien mostraba indiferencia o que no era nada estimulante para ella. Además, ella no era una mujer activa sexualmente. A pesar de que no le gustaba la situación, Eduardo había aprendido a respetarla y no exigirle demasiada frecuencia en sus relaciones sexuales, pero esperaba que las tuvieran con cierta regularidad.

Había luchado el último año por continuar con su vida romántica pues era natural en él, pero había llegado al punto de su decepción. Cada vez que intentaba ser romántico, ella lo despreciaba creyendo que el único objetivo de su esposo era tener relaciones sexuales. Paradójicamente no fue Eduardo quien buscó mi consejo sino una Estela decepcionada por la lejanía de su marido y atemorizada porque se imaginaba que su esposo tenía otra mujer. En los últimos seis meses Eduardo había abandonado su romanticismo y casi no la buscaba sexualmente. Ella se sentía decepcionada y atemorizada por la falta de cariño de su esposo. Así que me dijo: «Él no es así. Siempre ha sido cariñoso y romántico, pero

Aunque existan todas las razones del mundo para no ser románticos, es esencial que los cónyuges determinen aprender sobre el romanticismo y practicarlo con regularidad para que no comiencen a relacionarse monótonamente y se conviertan en esposos desinteresados e indiferentes.

ahora lo siento distante». Eduardo admitió que al inicio de ese año de su decepción, su estrategia había sido mandarle un fuerte mensaje a su esposa de que era peligroso no responder adecuadamente. Por eso planificó alejarse de ella para ver si sentía el vacío. Después de unos tres meses de experimentar la indiferencia de su esposo se comenzó a sentir mal. Luego comenzó a sospechar y al fin se puso celosa. Entonces, sin revelar sabiamente lo que sentía, inició un ciclo de reclamos, por lo que discutía constantemente con Eduardo. Eso produjo en Eduardo un mayor rechazo, de modo que determinó alejarse más de ella para no ser maltratado. Sin embargo, la estrategia de Estela fue meterse en todo un mundo de celos, sospechas y acusaciones que Eduardo sabía que no eran reales.

Su estrategia de abandonar el romanticismo para ver si ella comenzaba a buscarlo, cambió radicalmente y ahora comenzó a experimentar enojo y a contestar también con agresividad, la misma agresividad de su esposa. La relación matrimonial se volvió caótica pues no funcionaba la estrategia de Eduardo. Estela necesitaba romanticismo, pero no sabía disfrutarlo ni le había dado importancia a la forma tierna y cariñosa de relacionarse de su esposo.

> *El romanticismo no es la demostración externa de los lindos sentimientos que tenemos, sino la motivación interna que nos motiva a tener lindos sentimientos y acciones tiernas de respeto y ternura.*

Estela tenía sus razones para ser así. Ella no había disfrutado de cariño en sus relaciones familiares. Más bien sus padres fueron duros y ella para protegerse creó un mecanismo de defensa que le permitió soportar la rudeza de sus padres, pero que a la vez le hizo insensible al cariño de su esposo. Eduardo también había sido criado en un hogar que describía como «chapado a la antigua y con padres toscos, aunque llenos de amor». Sin embargo, la reacción de Eduardo fue contraria. Desde muchacho se prometió a sí mismo que su esposa y sus hijos disfrutarían de todo el cariño que él no recibía y así lo estaba cumpliendo, hasta que terminó decepcionado por la falta de respuesta de su esposa. Estela disfrutó del cariño de su esposo, pero no respondió; Eduardo se alejó y cuando ella notó la falta, se sintió triste y trató de hacer reflexionar a su esposo, pero con una estrategia errada. Así que comenzó a pelear para conseguir lo que había perdido y en vez de hacer que su esposo se acercara, logró que Eduardo respondiera mal al comportamiento de ella.

La determinación de ser románticos

Estoy convencido de que todos podemos y debemos ser románticos. Estoy persuadido de que aun cuando no lo hayamos aprendido en nuestros hogares, podemos tomar la determinación de aprender a utilizar esta extraordinaria herramienta que abre las puertas para la cercanía y la intimidad.

Para decidirnos a ser románticos primero debemos estar convencidos de que es una necesidad importante en la relación conyugal. Que ser cercanos y tiernos, preocupados y empáticos es excelente para la intimidad. El romanticismo puede nacer en el corazón de una persona bien formada y con una personalidad caracterizada por la sensibilidad, pero cada persona debe desarrollarlo. Nuestro enamoramiento profundo nos motiva a enfocarnos en la persona con quien nos hemos conectado, pero el romanticismo tiene que ser determinado, desarrollado y mantenido.

Una vez que tomamos la determinación de enfocarnos en los gustos, anhelos y necesidades de la persona que amamos, una vez que determinamos ser románticos y establecemos nuestra estrategia para serlo, nuestro corazón será motivado y poco a poco crearemos un sentimiento hermoso. Es que el romanticismo no es la expresión externa de los lindos sentimientos que tenemos, sino la motivación interna que nos motiva a tener lindos sentimientos y acciones tiernas de respeto y ternura.

Una opción para todos

El respeto es una opción para todo ser humano. Tristemente no todos lo eligen a pesar de que no se pueda tener una relación matrimonial fructífera y estimulante. El romanticismo es una opción que todos podemos elegir. Lamentablemente no todos los cónyuges lo eligen, parece que desconocen lo necesario que es para desarrollar una relación matrimonial cercana y apasionante.

No todos elegimos desarrollar una relación romántica, pero todos la necesitamos. Una relación conyugal de amor y comprensión no nace por lo que uno hace, nace por lo que uno siente y que le motiva a actuar. El romanticismo hace cosas tiernas y conquistadoras porque nace de un corazón saludable con sentimientos genuinos. Primero debo preparar mi mente, entender la necesidad, determinar amar a mi cónyuge, decidir tener una relación conyugal saludable y estar dispuesto a aprender todo lo que es necesario para una relación apasionante. Muchos actuamos románticamente en la etapa de conquista pues en forma natural sabemos que para capturar el corazón de la mujer que nos ha impresionado, debemos conocer algo de sus deseos, de sus gustos y de lo que provoca en ella una buena impresión. Pero, una vez que hemos logrado la ansiada conquista, tendemos a ignorar las necesidades no bien conocidas de la persona conquistada.

En mis conferencias animo a las parejas a volver a las cosas románticas que hicieron en su etapa de conquista y muchas me han informado que les da resultado cierto periodo de tiempo, pero que luego vuelven a la relación no saludable. El problema es que al comenzar a mandar flores o regalar música romántica, que es lo que muchos deciden hacer, solo están dando una simple mano de pintura para que luzca bien un edificio cuyos fundamentos están destruidos o demasiado debilitados. Estoy convencido de que no basta ser detallista y mandar flores, escribir notas de amor o entonar una canción romántica. Estoy persuadido de que la gran mayoría de las parejas no resolverán el problema con salir juntos a pasear o a celebrar noches románticas. Estoy seguro de que la esposa no recuperará su pasión por la relación solo yendo de compras o recibiendo regalos. Él y ella deben examinar profunda y sinceramente el estado de su corazón. Deben evaluar la forma como se han relacionado, las heridas que han resultado de una relación conyugal defectuosa y aun los traumas que llevaron a la relación matrimonial por las experiencias no saludables que vivieron antes de casarse y que posiblemente han sido una de las razones de su persistente alejamiento.

Si los cónyuges quieren restaurar o crear una relación matrimonial romántica, se necesita que ambos se comprometan a investigar y hablar acerca de las razones por las que se han alejado, las heridas que se han provocado, los cambios que deben realizar, las acciones que van a hacer y que determinen mutuamente la manera en que se van a ayudar. La verdad es que no se puede culpar solo al cónyuge de no ser romántico o cariñoso, es imprescindible que ambos realicen un examen profundo de su vida para determinar si sus emociones dañadas, su falta de perdón, su mundo de resentimientos y amargura les impide responder sabiamente o dar el cariño que su cónyuge necesita.

Diferentes formas de mostrar el romance y expresar cariño

Los hombres que deseamos una relación saludable debemos aprender a expresar nuestro amor de tal forma que entregue el mensaje correcto a nuestras esposas y las esposas deben aprender a mostrar su romanticismo y su cariño, no como ellas creen que deben hacerlo sino como su cónyuge necesita.

Es decir, ambos deben aprender lo que Dios determinó que necesita su cónyuge y no lo que cada uno se imagina que el otro necesita. Es que la medida que define si estamos haciendo lo saludable y correcto no es lo que los cónyuges determinan que necesitan bajo su propio criterio, sino lo que determinan después de conocer el diseño divino para la intimidad saludable.

Los hombres y mujeres tenemos grandes diferencias en la forma en que expresamos nuestro cariño. Casi siempre las expresiones tienen matices muy distintas y, obviamente, mucho depende de la forma como hemos sido criados. Por lo general, los hombres somos más reacios a mostrarnos tiernos. Es cierto que existen excepciones, pero estas confirman la regla. Los hombres, por lo general, somos más reservados con nuestras caricias y menos tiernos en nuestro trato.

También existen diferencias específicas en la forma que cada uno tiene en cuanto a demostrar su aprecio. Para mostrar el amor, todos tenemos un lenguaje distinto. Muchas veces existen conflictos en la relación conyugal, no debido a que no haya muestras de aprecio, sino porque cada uno está demostrando a su manera el aprecio que siente por el ser querido. Muchos cónyuges tienen conflictos porque cada uno piensa que el otro no le aprecia, pero en muchas ocasiones he notado que lo que existe es una forma distinta de expresarlo. El secreto radica en ponerse de acuerdo en el lenguaje amoroso y determinar que en la relación conyugal tendremos muchas muestras de nuestro cariño y aprecio.

Cuando una persona ama y desea comunicar su amor, comete el más serio error en querer comunicar su cariño con un lenguaje que la otra persona no entiende. Para que la persona perciba mi amor, sienta mi cariño, debo hacerlo como si ella estuviera programada divinamente para recibirlo. Pero también tengo una responsabilidad con la persona objeto de mi cariño. Ella debe determinar si lo que espera de mí es lo que Dios le dice que busque o lo que ella desea recibir. Mi esposa, igual que yo, puede estar motivada por sus ideas erróneas, por los efectos de sus experiencias traumáticas, por sus emociones confusas o por exageraciones aprendidas. Por eso es indispensable conocer al ser querido y que nuestro cónyuge examine sus expectativas a la luz de lo que Dios planificó para la vida humana.

Para ser tiernos y respetuosos, debemos saber qué agrada a nuestro cónyuge, qué le desagrada, qué le motiva y qué le decepciona, qué le hace sentir importante y qué le hace sentir ignorado. Sin embargo, tengo una palabra de advertencia. Una cosa es conocer lo que ella anhela de todo corazón, eso es adquirir conocimiento, pero otra muy distinta es saber si verdaderamente lo necesita, eso es tener discernimiento. Conocer lo que Dios determina que una mujer necesita es un acto de gran discernimiento.

Si yo determino hacer lo que quiero, como quiero y como a mí me agrada, estoy actuando en forma egoísta. No estoy pensando en la otra persona, pienso en mí. Cuando investigo lo que la otra persona necesita, cuando elijo hacer lo que le agrada, motiva y estimula y es correcto delante de Dios, estoy pensando y buscando el bien de la persona amada. Pero cuando hago lo que ella quiere o lo que ella desea sin evaluar si tiene apoyo bíblico puedo estar siendo presionado para satisfacer deseos egoístas y no necesidades genuinas. Al pensar con amor y respeto en mi cónyuge y tratar de ser tierno y amoroso, las caricias que le brindo debo hacerlas como ella quiera, cuando quiera y donde le agrade. Cuando el cónyuge se siente una persona amada y respetada, cuando la mujer siente que su marido le da el valor que tiene y siente que es tratada con la dignidad que merece, ninguna mujer saludable vive frustrada.

La intimidad: Conexión esencial del amor

Quienes quieren amar verdaderamente y como Dios lo diseñó, deben esforzarse por conocer y comprender la manera de intimar y luchar por una relación en que exista intimidad. Quienes no tienen intimidad en su vida conyugal no han aprendido a amar sabiamente pues los que sabemos amar hemos aprendido a ser íntimos.

Existen demasiados conceptos falsos acerca de la intimidad y el amor. En la mente de la mayoría de las personas la intimidad está asociada al sexo y el amor a la fascinación, que bien podemos definir como una atracción irresistible. Para este estudio, defino el acto de intimar como el de introducirse en el afecto o ánimo de la persona amada, es estrechar la amistad con nuestro cónyuge a niveles que no pueden darse en otra relación.

La intimidad es la cercanía, la relación profunda honesta y sincera que existe entre dos cónyuges y que se manifiesta en un sentimiento de comprensión mutua, que no permite la entrada de elementos destructivos. La intimidad es la relación abierta que se manifiesta en el afecto, la ternura, el calor humano. La intimidad es ese nexo limpio y puro que permite que exista una relación espiritual, emocional y física que forja la estima de la otra persona.

No confunda la intimidad con el sexo

La intimidad se da entre dos personas que se aman y se respetan. Personas que se dan mutuamente el valor y la dignidad que merecen. La intimidad es el resultado del compromiso permanente que tienen los cónyuges de luchar con sabiduría por la permanencia en su pacto de amor. La intimidad se da en el contexto de la fidelidad y no en las relaciones sexuales fuera de los límites conyugales. Cualquiera puede tener sexo y tener satisfacción sexual. Cualquiera puede estimularse, pero no cualquiera ni en toda relación entre un hombre y una mujer se puede dar la intimidad. Dos hombres o dos mujeres o dos extraños o un padrastro y una hijastra o una mujer y su amante pueden unir sus cuerpos y realizar actos sexuales. Entre un ser humano y un animal puede existir sexo degenerado, pero sexo. Entre dos hombres o dos mujeres pueden existir relaciones sexuales, pero no la intimidad que fue diseñada por Dios para que se disfrute en la vida matrimonial. Entre dos seres humanos puede existir placer y satisfacción sexual, pero solo entre dos personas que se aman, que tienen respeto, que se tratan con el valor y la dignidad que tienen, pueden existir dos corazones íntimos. Cuando hablo de intimidad no me refiero a la simple unión de dos cuerpos para satisfacer una pasión genuina. Es la unión de dos corazones que no solo respetan el cuerpo, lo cuidan y los disfrutan, sino que también respetan las emociones y sentimientos propios y de su ser querido y los cuidan y los respetan.

La intimidad: fuerza motivadora para la armonía integral

No puede existir armonía integral sin conexiones de amor y demostraciones de cariño y ternura. No puede existir armonía integral sin que los cónyuges determinen ser íntimos. No podemos serlo haciendo que la relación funcione de acuerdo a nuestros gustos y deseos e ignorando las necesidades de la persona que decimos amar.

Como digo en mi conferencia en discos compactos titulado «Sexo: ¿Cuerpos juntos o corazones íntimos?» y en mis libros: *Sexualidad con propósito* y *Tesoros de intimidad,* la intimidad no deriva de la unión de los cuerpos, más bien produce unión de cuerpos en forma saludable. Nuestra satisfacción física esta íntimamente ligada a la que experimentamos al relacionarnos espiritual y emocionalmente. Las acciones, actitudes y palabras románticas preparan el terreno para la cercanía. Las acciones, actitudes y acciones románticas preparan el terreno para la intimidad.

> *Todos los hombres y todas las mujeres tenemos la necesidad de amar y ser amados. Pero es imposible amar a otro sin amarse a sí mismo. Los hombres que anhelan que su mujer se sienta amada y respetada y tener no solo amistad, sino una verdadera intimidad, deben entender que no pueden amar a sus esposas íntimamente sin saber amarse a sí mismos sabiamente.*

He examinado muchos casos y me sorprende cada vez más el alto grado de ignorancia que existe con respecto al tema de la intimidad en la vida conyugal. Entre las personas que asisten a mis conferencias durante el transcurso de un año, antes de iniciar mi plática sobre la intimidad en la vida matrimonial, generalmente pido que levanten la mano todos los que antes de casarse, recibieron un curso prematrimonial sistemático que incluyó un buen asesoramiento sobre la luna de miel y la vida sexual en el matrimonio y que, además, les enseñó con claridad sobre lo que la Biblia permite o prohíbe en la vida sexual matrimonial. La escena siempre es impactante, casi nadie levanta la mano. Por desdicha no se nos enseña a ser románticos, ni a ser íntimos, ni a relacionarnos sabiamente con una persona tan diferente.

No digo que los hombres y las mujeres no sepan tener sexo o no conozcan lo sexual al respecto. Lo que afirmo es que en forma natural no somos románticos e íntimos y que no podemos relacionarnos sabiamente con una persona diferente sin ser preparados para que entendamos cuáles son nuestras necesidades personales y cuáles las necesidades esenciales de la persona que amamos. El ignorar las diferencias profundas y el efecto que estas tienen en cada sexo es una de las más serias causas de frustración. La tesis de mis libros: *¿Conoce usted a su esposa?* y *¿Conoce usted a su esposo?*, es que usted no puede amar bien a quien conoce mal. No podemos ser románticos con la persona que decimos amar si no comprendemos las necesidades más profundas de ella. Para ser románticos, debemos conocer a nuestro cónyuge, para ser íntimos debemos conocerle, para amarle bien, debemos conocerle bien. Tratar de tener una vida sexual normal sin conocer lo que se debe hacer para tener una vida íntima saludable que otorgue la dignidad que tiene la persona amada, es imposible. Querer unirse sexualmente a una mujer pensando como hombre y sin tener empatía con ella no es saludable. Querer tener relaciones íntimas placenteras, estimulantes, anheladas y esperadas sin conocer adecuadamente las necesidades de cada cónyuge es una quimera.

Todos, tanto hombres como mujeres, tenemos la necesidad de amar y ser amados. Todos los hombres tenemos la necesidad de apreciarnos a nosotros mismos y de ser apreciados. Todos los que anhelan que su esposa se sienta una mujer de valor y dignidad, todos lo que anhelan que su esposa se sienta una mujer de honor, también deben entender que no pueden amar a sus esposas íntimamente sin saber amarse a sí mismos sabiamente.

Diferentes formas de concebir la relación conyugal

Todos tenemos una perspectiva diferente. Es obvio, todos somos seres distintos. El solo hecho de ser dos personas nos da dos perspectivas muy diferentes de cómo debería ser y de cómo hemos desarrollado la relación matrimonial. Si a las perspectivas distintas se agrega la diferencia de sexo, trasfondo familiar, el estado distinto de su vida emocional, incluso su diferente educación, profesión y muchas otras cosas más, se dará cuenta de que todos estamos preparados para ver la vida de una manera totalmente diferente.

Con el paso del tiempo una relación conyugal buena nos permite ir acercándonos y pensar cada vez más parecido, pero aun así se mantienen grandes divergencias. Por ello, la forma como un hombre y una mujer conciben, se forman una idea o tienen un concepto de su relación conyugal, es un factor que debe ser analizado y estudiado. Debido a esta realidad, el marido y la mujer esperan cosas distintas en su vida conyugal y hacen cosas distintas aun con la mejor intención, y por esta forma distinta de pensar y operar algunas mujeres experimentan mucha frustración y decepción.

La concepción del hombre

He visto que muchos hombres tienen la tendencia a irse a uno de dos extremos. Algunos prefieren una relación conyugal tipo patriarcal y otros permiten que sus hogares se inclinen a lo matriarcal, pero es difícil encontrar a un hombre líder amoroso y equilibrado y es imposible que exista intimidad en las relaciones desequilibradas.

En la relación de tipo patriarcal, todo tiene que girar en torno al hombre. Debe ser servido adecuadamente, debe tener la libertad, según el, para «sacrificarse por la familia» con grandes jornadas de trabajo aunque eso significa solo ser un proveedor económico de su familia. En esta relación se le debe permitir descansar lo suficiente para reponer sus energías. Para ello, sus vacaciones serán el medio que le brindará el mejor ambiente para recuperar sus energías, independientemente de los gustos y necesidades de los demás.

Según los hombres que eligen este sistema dominante y son buenos proveedores económicos para su familia, la mujer tiene todo lo que necesita; por lo tanto, ella debe dar todo lo que sea necesario para complacer a su marido. Debido a que generalmente son buenos proveedores económicos, muchos se enorgullecen de todo lo que con tanto sacrificio han podido darle a su querida esposa para que viva una vida normal, pero ellos no han entendido que además de la provisión física, deben proveer para las necesidades emocionales y espirituales de cada miembro de su familia.

Como explico en mi libro: *¿Padre o progenitor?*, quienes actúan de esta manera solo han donado su espermatozoide y han determinado brindar apoyo económico, pero no son padres que cumplen una sabia labor paterna.

La concepción normal del hombre es que su esposa debería desearlo sexualmente tal como él la desea a ella. Los más comprensivos entienden que ellas no pueden tener la misma frecuencia en su vida sexual, pero no pueden entender que les amen sin desearlos sexualmente.

La concepción de la mujer

La mujer ve la relación conyugal desde otro punto de vista. Ella no puede imaginarse que por solo acariciar a su esposo y ser tierna con él, este ya deba pensar en sexo, haciendo chistes sobre sexo, tirando indirectas para tener relaciones sexuales o presionándola para que responda con sexo a las demostraciones de ternura que tuvieron.

La mujer anhela que la relación conyugal esté basada en el amor práctico y el romanticismo. Este último provee para ese mundo de necesidades emocionales que deben ser satisfechas con cariño, respeto y ternura, tal como Dios lo planificó. A nuestras esposas les encanta que comprendamos sus variadas emociones y aun sus debilidades y frustraciones. A la mayoría le gusta las cosas sentimentales y que amemos su corazón y no solo su cuerpo. Ella desea relacionarse con alguien que exprese sus sentimientos sabiamente, pero que también motive a la expresión sincera y correcta de los sentimientos de la persona que ama. A ella le encanta que alguien entre en su mundo de ilusiones y emociones, se siente feliz cuando alguien penetra en el vacío de la relación física fría y sacude sus emociones con un encuentro emocional y espiritual edificante.

Por otra parte, las mujeres sabias saben que no pueden vivir solo de la ilusión y la estimulación emocional. Ella también quiere ver acciones que certifiquen los sentimientos. Quiere ver el amor que sale del ámbito de las palabras y permite ver a cada momento acciones que confirmen los sentimientos. Ellas pueden recibir por una temporada objetos que les permitan

Las mujeres que desean evitar frustraciones y muchas tensiones deben entender que están casadas con un hombre cuyo comportamiento sexual es totalmente diferente. Por lo tanto, ellas no solo deben conocerse a sí mismas con profundidad, sino también saber cuáles son las necesidades esenciales del hombre que ama de verdad.

sentirse emocionadas, pero también saben que los zapatos cubren sus pies, pero no sus corazones, que los lindos anillos adornan su mano, pero no sus sentimientos, que las palabras lindas y las caricias llenan su corazón, pero no el estómago. Las flores promueven el romanticismo, pero las caricias y el aprecio lo hacen real.

La mujer no busca ser un lugar donde se ubica un anillo de brillantes comprado con el dinero fruto del sacrificio de su marido, aunque les encanta recibir cosas por una gran temporada de la vida matrimonial. Ella no desea ser la operadora de licuadoras, lavadoras, ni el chofer de niños que necesita el hombre exitoso en su profesión. Ella busca al hombre que acaricia ese dedo, aunque sea sin anillo, aunque es mucho mejor si la caricia va con un hermoso diamante. La mujer no quiere convertirse en la operadora de una lavadora de ropa para el marido exitoso, sino en la esposa cariñosa y responsable de un marido amoroso. Ella no solo anhela tener un lugar en la chequera de su marido, sino en el corazón de él, pues si lo tiene en el corazón también lo tendrá en su chequera, pero no siempre que tiene un lugar en la chequera lo tiene en el corazón. Ellas no anhelan ser bien pagadas por su labor de madres, ni esperan recibir electrodomésticos y buenos vestidos por su labor de esposas, ellas anhelan ser respetadas, amadas, apreciadas y tratadas con ternura por maridos que de acuerdo a su situación económica provean de las mejores maquinarias para facilitarles la tarea y que le compren los mejores vestidos para que se vean bonitas para ellos y se sientan orgullosos de ellas. Ellas anhelan eso, pero también un beso, caricias, ternura y apoyo físico, emocional y espiritual con regularidad, de quien les ama de verdad.

Muchas mujeres se sienten incapaces de transmitir a sus esposos sus propias necesidades de afecto y romanticismo y también muchos hombres creen que lo que ellas esperan es una exageración y que la mujer vive en un mundo de exagerada ilusión. Por eso solo quieren dar algo para mantenerlas tranquilas y bajo control, pero no se programan para conocerlas y amarlas de acuerdo a como Dios determinó que las amemos. Cometen un terrible error quienes piensan que están casados con una mujer por fuera, pero que debería ser un hombre por dentro. Algunos creen que su esposa tiene cuerpo de mujer, pero que debería tener sentimientos y pensamientos de hombre. Los hombres sabios reconocen que su esposa es completamente femenina. Que ella tiene, cuerpo, mente, emociones, deseos, forma de ver la vida, anhelos y sentimientos de mujer.

Diferente comportamiento sexual

Las mujeres que desean evitar frustraciones y muchas tensiones deben entender que están casadas con un hombre cuyo comportamiento sexual es totalmente diferente. Las mujeres y los hombres somos distintos biológica, anatómica y emocionalmente. Por lo tanto, nuestro comportamiento en el área de la sexualidad es también diferente. Es muy distinta la forma como concebimos la vida sexual y lamentablemente muchos hombres y mujeres ignoran sus serias diferencias.

La forma de expresión de la sexualidad femenina no es idéntica a la de los hombres; por otro lado, las mujeres no provienen de un mismo molde. Cada mujer es distinta, cada una de ellas tiene un mundo de anhelos y de gustos distintos. Así que no solo son muy diferentes a los hombres,

La mujer no solo debe entender su sexualidad y aprender a disfrutar de ella saludablemente, sino también la de su esposo. Además, debe entender cómo afectan las diferencias a su comportamiento, así evitará frustraciones y mucho sufrimiento.

sino que existen grandes diferencias entre ellas. Quienes no comprenden esta singularidad preparan el terreno para las frustraciones. Hay hombres comprensivos y hombres indiferentes, los hay activos y menos activos sexualmente e, igual que las mujeres, unas veces están más cariñosos, otras están tensos, y aun otras se comportan como niños malcriados. Así mismo existen mujeres interesadas y desinteresadas en el mundo de las relaciones sexuales, hay mujeres activas y poco activas, muy tiernas y poco tiernas, respetuosas de los deseos y necesidades de los hombres e irrespetuosas. Lo importante es que ese mundo de diferencias debe ser comprendido; por lo que debemos aprender a relacionarnos con la sabiduría que demanda el mundo de las diferencias.

El deseo sexual de la mujer es más variable mientras que el del hombre es más estable

La mujer debe entender su sexualidad, la de su esposo y cómo afectan esas diferencias a su comportamiento, así evitará frustraciones y mucho sufrimiento. En la mujer generalmente el deseo sexual aparece por ciclos, dependiendo de su calendario menstrual. Ella depende de su estado emocional y físico para sentir o no deseo de tener relaciones sexuales con su esposo. Para ella generalmente es importante el lugar, la hora, el ambiente, su estado de animo, el grado de cansancio, el ruido de la cama, la intensidad de la luz y asegurarse que los demás no escuchen, etc.

En el hombre, el deseo de tener relaciones sexuales tiende a ser más constante. Casi no nos importa el tiempo, el lugar, ni el cansancio que sentimos. Todo ello puede quedar olvidado por el simple estímulo visual que experimentamos al ver a la esposa desnudándose o desnuda.

He conversado con muchas esposas que no pueden comprender por qué el esposo necesita tanta frecuencia en sus relaciones sexuales ni que el apetito sexual se acumula y que ellos sienten una presión sicológica que requiere liberación. Las dos vesículas seminales van acumulando semen y cuando completan su capacidad, al llegar a su máximo nivel, aparecen determinadas influencias en el hombre y sus cambios hormonales le hacen sensible al más mínimo estímulo sexual. Por eso es que no son recomendables los largos periodos de abstinencia sexual, ya que el hombre se siente presionado a buscar satisfacción en su relación conyugal. El deseo del hombre no es dictaminado por un acto de su voluntad, sino por una fuerza bioquímica que actúa dentro de su cuerpo. Es cierto que no podemos impedir el deseo sexual, pero también lo es que podemos dominar nuestros impulsos. No podemos evitar desear las relaciones sexuales, pero tenemos la responsabilidad de realizarlas con sabiduría y con una frecuencia determinada por ambos cónyuges.

La respuesta sexual de las mujeres es variada. Existe un pequeño porcentaje de la población femenina que tiene un bajo deseo sexual y un pequeño porcentaje que tiene un alto grado de deseo sexual. La mayoría de las mujeres en forma normal desea tener mucho menos frecuencia sexual que la mayoría de los hombres y con el paso del tiempo y con su permanente rechazo en vez de ir forjando su deseo sexual, lo van perdiendo.

Muchas mujeres experimentan gran frustración pues creen que solo ellas sienten ese rechazo y esa reducción de frecuencia, pero la verdad es que la mayoría de ellas experimenta lo mismo. Muchas sienten frustración por no saber cómo lidiar con tal estrés. Pero deben conocer que las actitudes hacia las relaciones sexuales varían en cada mujer, pues somos seres humanos distintos. No obstante, todas las mujeres casadas tienen la responsabilidad de cumplir su deber de tener relaciones sexuales saludables periódicamente de forma que ambos estén atendiendo con sabiduría sus necesidades respectivas. La variación en la frecuencia y en el deseo sexual de las mujeres dependerá de la forma en que fueron condicionadas sus actitudes hacia el sexo en la infancia y la adolescencia y de si han tenido o no experiencias placenteras o destructivas en su vida sexual conyugal. Sin embargo, no solo somos distintos por las diferentes enseñanzas o experiencias que tuvimos, sino aun en lo natural también somos distintos. Así como existen distintas personalidades, existe distinto grado de deseo sexual entre los seres humanos y evitarán frustraciones innecesarias las mujeres que asuman una buena actitud después de obtener el conocimiento necesario.

Comprendamos la realidad

Para evitar frustraciones, tanto el hombre como la mujer deben entender su realidad y ponerse de acuerdo para saber cómo enfrentarse a ella. Un hombre que comprende las diferencias y ayuda a su esposa, y una mujer que comprende las diferencias en la sexualidad de ambos, y ayuda a su esposo, pueden evitar las serias frustraciones que experimentan quienes no conocen bien la realidad de las diferencia. Para evitar frustración, la mujer debe entender que, para el hombre, el sexo es más una experiencia física con involucramiento emocional, a diferencia de las mujeres, para quienes es una profunda experiencia emocional con algo de involucramiento físico.

Todos rechazamos las experiencias que no son placenteras; a ningún cónyuge le agrada vivir en una relación que produzca tensión constante, una relación aislada, rutinaria y sin respeto ni pasión. Pero a la vez, no es posible tener una relación maravillosa sin un esfuerzo grandioso.

Para evitar frustraciones, el hombre y la mujer deben adquirir conocimiento y actuar con sabiduría. Deben trabajar por ser sinceros, admitir sus errores y hacer conocer lo que les desagrada en su relación conyugal. Esto es clave para la cercanía de la pareja, pues todos sentimos aversión por lo desagradable y tratamos de evitarlo.

He aconsejado a mujeres que por temor han seguido permitiendo las relaciones sexuales, aunque hayan rechazado por tanto tiempo la forma como su marido las practica y debido a que no logran sentir acercamiento y satisfacción, se frustran.

Mientras la mujer no encuentre a un hombre humilde que la trate como se merece, es decir, como si fuera una reina, ella seguirá buscando el príncipe azul que la haga sentir de la realeza. Es que es imposible que una mujer disfrute a cabalidad y se sienta integralmente complacida, si no le hacen sentir que es alguien con gran valor y respetable dignidad. Sin embargo, la mujer no puede evitar su frustración si tiene expectativas equivocadas que siempre la llevarán a la decepción. Los hombres tienen virtudes y defectos igual que las mujeres. Los hombres y las mujeres deben tomar la determinación de entender su propia vida, comprender las necesidades de la persona que aman, ponerse de acuerdo para enfrentar sus conflictos con sabiduría y llegar a acuerdos para amarse y cuidarse con cariño y mucha empatía.

La realidad indica que los hombres y las mujeres somos totalmente diferentes y que la mujer vivirá tensionada y frustrada si espera que su esposo piense, sienta y actúe como mujer. Para que ambos tengan una relación fructífera y que produzca satisfacción deben ser sabios, entender la realidad, bajar sus expectativas, unirse y llegar a acuerdos para tener una vida de respeto, cariño, romanticismo e intimidad con la persona amada.

7

La tensión laboral:
Presión diaria que produce estrés

Es muy difícil ser madre y, además, cumplir con todas las obligaciones de una ama de casa, pero es más difícil si la mujer trabaja fuera de su hogar. Para poder enfrentar la vida sin vivir constantemente deprimida y estresada ella debe actuar con sabiduría, organizar la ayuda del resto de la familia y llevar una vida ordenada.

En algunas ocasiones he tenido la oportunidad de conversar con un grupo de mujeres que tienen diferentes ocupaciones, incluidas amas de casa. He descubierto frustración en ellas. La frustración no está limitada a la mujer que trabaja solo en el hogar, sino también en las que trabajan fuera. He descubierto dueñas de casa frustradas y anhelando salir a trabajar fuera y he escuchado la preocupación y el dolor que experimentan las que lo hacen, así mismo he oído su anhelo de tener más tiempo para dedicarse más a su hogar.

Aunque muchas mujeres dan una imagen de ser personas realizadas, y sin duda muchas lo experimentan, también muchas se sienten tristes por tener que estar tantas horas lejos de sus hijos. La frustración no solo la experimentan muchas dueñas de casa que preferirían tener trabajos remunerados fuera del hogar, que tener un trabajo duro y sin remuneración, y muchas veces sin reconocimiento, dentro del hogar.

Por otra parte, debido al trabajo he notado que hay más mujeres preocupadas por el despego de su vida familiar que los hombres. La mujer que trabaja generalmente siente más frustración que el hombre cuando debe estar lejos de su casa y su familia, ello es por su virtud maternal. Ella fue creada para tener un rol esencial en el proceso de nacimiento y desarrollo de sus hijos. Ellas están más vinculadas emocionalmente a sus hijos y disfrutan dedicando tiempo a cuidarlos, alimentarlos y protegerlos cuando son pequeños. Cuando ella sale de la casa para trabajar, se agrega un mundo de tensiones que le produce impotencia y, por lo tanto, frustración.

El hombre fue creado para vivir más enfocado en la provisión para su familia y menos emocional. Aunque cumplamos varios roles en la vida, cuando estamos trabajando, tendemos a concentrarnos en la tarea y durante esas horas casi nos olvidamos por completo de que somos esposos y padres. Eso no significa que no amemos a nuestras familias. Solo significa que Dios nos hizo seres distintos y creyó que esa distinción era necesaria.

Cuando estamos involucrados en alguna labor hogareña, nos enfocamos en lo que hacemos y a pesar de los llamados a parar nuestra labor y aceptar la invitación a comer, preferimos tratar de terminar el proyecto o una parte de él. Nuestro cerebro está programado para pensar en una sola cosa a la vez. La mujer es muy diferente. Ella puede estar pensando en varias cosas a la vez y estar altamente preocupada de sus hijos, aunque esté cumpliendo un trabajo que demanda mucho de su tiempo y atención, aunque por preocuparse tanto y de tantas cosas pueda ser destruida por los sentimientos de frustración.

La decisión de trabajar

Toda mujer debe tener mucho cuidado cuando determina si trabaja fuera del hogar o no. Estoy convencido de que nadie sino la madre puede cumplir el rol que le ha sido asignado por Dios. Por ello la decisión de trabajar o no debe ser bien analizada y buscar no solo un buen ingreso económico sino también establecer si es esencial que deje su hogar y sus hijos encargados a otras personas que nunca podrán tener con ellos la relación que ella tiene.

En situaciones normales, debe ser una decisión que tomen el esposo y la esposa analizando todos los «pro» y los «contra» en su alejamiento diario de los hijos. Por supuesto, las madres solas no tienen la opción de trabajar fuera del hogar o no. Deben mantener a sus hijos y en pocas ocasiones reciben lo suficiente en la ayuda que sus ex esposos les brindan para dedicarse solo al trabajo dentro del hogar.

Algunas mujeres pueden mantener una carrera, el trabajo en el hogar y aun así mantener la cordura, pero otras son influenciadas por las tensiones que provocan sus variadas faenas. Admiro a las mujeres que pueden trabajar responsable y eficientemente fuera del hogar y ser buenas dueñas de casa y que a la vez mantienen una buena actitud. Admiro su disciplina y dedicación. Sin embargo, nadie puede negar que como resultado, muchas se sienten frustradas. Como consejero, no debo decidir si una mujer debe ser madre y trabajar fuera del hogar o ser una madre dedicada exclusivamente a su familia y a su hogar. Los cónyuges deben determinar si es indispensable o no el aporte económico de la mujer, si es posible realizar alguna actividad remunerada en casa o si debe permanecer al lado de sus hijos. Ellos deben decidir si la prioridad es la crianza y educación de los hijos o tener mejores cosas y si el aporte monetario de la mujer justifica su salida. Los cónyuges deben decidir si es apropiado trabajar ahora, pues tienen quien cuide con amor a sus hijos pequeñitos, o si vale la pena esperar y mejor trabajar cuando los niños vayan a la escuela.

Recuerde que los niños nunca estarán mejor separados de la familia y su ambiente. Ellos necesitan a sus padres para ser criados mejor y más saludablemente.

> *Las madres que tienen el apoyo de sus esposos, deben llegar a un acuerdo sabio que considere todo los «pro» y los «contra» de esa seria decisión.*

No todas las mujeres trabajan porque sea indispensable para el sostenimiento del hogar, pero muchas han decidido trabajar. A lo largo de la historia las mujeres han cumplido importantes funciones. Siempre han existidos las familias en las que el trabajo en el campo fue parte integral de la vida de la mujer, quien en forma natural respondía con fortaleza a los desafíos de ser esposa, madre, ama de casa y trabajadora. También han existido hombres que con buena intención, y otros por tener un espíritu machista, han impedido que la mujer trabaje fuera del hogar. Muchas han preferido criar a sus hijos y no dejarlos en manos de niñeras o que se críen en jardines infantiles.

Algunas madres no tienen opción, deben trabajar fuera del hogar para poder sostener a su familia. Si esa es su obligación, debe organizarse sabiamente para que, a pesar de su obligación, todos resulten beneficiados.

La frustración:
Decepción resultante de la ausencia de logros

La frustración es el sentimiento que experimentamos cuando no logramos lo que esperábamos o habíamos planificado. He conocido mujeres frustradas por no poder trabajar fuera de casa. Otras por no tener un grado saludable de independencia. Otras por no tener dinero o por no poder alcanzar algunos logros en la sociedad y fuera de su familia.

El otro lado de la moneda es que he conocido mujeres frustradas porque debido a su ocupación laboral, deben salir de mañana y llegar tarde a la casa, y así tienen muy poco tiempo para compartir con sus hijos.

Otras sufren mucho dolor y frustración por no poder abandonar el trabajo y pasar tiempo en cantidad y calidad con sus hijos, especialmente cuando descubren que ellos no están siendo tratados con el respeto que se merecen. Es decir, existen mujeres frustradas porque deben trabajar fuera del hogar y otras porque no lo pueden hacer. Algunas lo están

> *La frustración es producto de no poder lograr lo que hemos esperado y siempre existirán momentos de frustración en la vida de toda persona. Se frustran las mujeres que deciden trabajar y no quieren dejar a sus hijos y se frustran las que quieren trabajar pero no lo hacen por no separarse de sus hijos. La solución es examinar si su decisión es sabia y aprender a tratar apropiadamente la frustración que experimenta sabiamente. El problema no es experimentar frustración, sino el no saber tratarla.*

por tener que pasar tanto tiempo cuidando afanadamente a sus hijos sin dedicar tiempo para descansar y otras por no tener tiempo para pasar con sus hijos y descansar. Lo cierto es que toda mujer se sentirá frustrada y experimentará desilusión cuando no resulta lo que quería obtener después de una seria planificación o porque haya tenido una seria expectación. Para aprender a tratar su situación con sabiduría deben realizar una seria evaluación en cuanto a si quedarse en casa o trabajar ha sido una sabia decisión.

Reacciones típica de una mujer frustrada

La mujer que no logra lo que ha planificado en su vida personal, su vida familiar o su vida profesional, vivirá las duras consecuencias de ese gigante llamado frustración. La que ha batallado por tener una relación conyugal saludable y no lo ha logrado, vivirá en un permanente estado de frustración que en cualquier momento producirá consecuencias lamentables. La mujer que siempre ha sido tratada inadecuadamente y que siente que es una persona que no tiene mucho valor ni dignidad, poco a poco experimentará las terribles consecuencias de la frustración. El grado de esto en la persona depende de la diferencia que exista entre sus logros y sus expectativas. Quien más espera y menos logra, más frustrado se siente. Hay hombres y mujeres que esperan más que lo que puede dar su cónyuge y viven en permanente frustración y también viven frustradas quienes no logran lo que realmente merecen. Las mujeres que saben que merecen ser tratadas con amor y respeto y experimentan irrespeto, sienten frustración. Las que saben que tienen dignidad y no son tratadas como personas con valor se sienten permanentemente frustradas por no conseguir lo que merecen. Mientras más esperan ser tratadas como mujeres de valor y dignidad y mientras más ignoradas se sienten, más frustración experimentan.

Marta y sus exageradas expectativas

Marta no lograba lo que quería alcanzar por una causa distinta a las demás personas que me habían consultado. El problema de ella no era que no lograba lo que esperaba, sino más bien que esperaba demasiado de su marido. En la práctica, ella creía que la fuente de su contentamiento era su marido.

Se había acostumbrado a depender tanto de él que no solo parecía la sombra, sino que su estado de ánimo estaba directamente relacionado con el del esposo. Por insistencia de su esposa, Eduardo había comprado una casa. Para poder pagar la mensualidad, debía trabajar catorce horas al día. Ni siquiera podía ver a sus hijos de lunes a sábado pues salía a las seis de la mañana y regresaba a las nueve de la noche.

Antes que una mujer decida si trabajará o no, debe no solo examinar si esta respondiendo a sus deseos de satisfacción personal, sino si su decisión de trabajar traerá consecuencias que más tarde la familia va a lamentar.

Marta conversó conmigo después de una de mis conferencias y me expresó una fuerte frustración porque su esposo no pasaba tiempo con los niños y no la ayudaba en la casa. Ella pasaba mucho tiempo con sus hijos de tres y dos años y anhelaba la compañía de su esposo. Marta esperaba algo bueno e indispensable para el buen desarrollo de su familia, pero en ese momento, debido a la decisión que ambos habían tomado, esperaba algo que su marido no podía cumplir. Es obvio que el trabajo fuera de casa produce tensiones y tener que cumplir sus responsabilidades en el hogar no es fácil, especialmente cuando por decisión de ambos, el esposo y la esposa están sobrecargados.

La separación de sus hijos: Una experiencia frustrante

Una madre amorosa que tiene que trabajar o que decide hacerlo a pesar de que no es esencial, vivirá siempre preocupada por muchos detalles relacionados con la vida de sus hijos. Aunque sea necesaria, la separación por largas horas es una experiencia frustrante, aun cuando muchas madres se acostumbran a la rutina de que otros cuiden de sus hijos y van perdiendo esa paciencia que les impide tener una relación de excelencia. Una madre normal se preocupará por la salud, el estado emocional y los conflictos que enfrenta su hijo mientras ella trabaja. Aunque muchas madres entienden que la separación es imprescindible en algunos casos y otras nunca logran tener tranquilidad, es obvio que la separación de sus hijos es una experiencia estresante que produce frustración. Esa es precisamente la razón por la que las madres deben tomar las medidas necesarias para que sus hijos estén bien cuidados, más seguros y en un ambiente adecuado. Aunque eso no será suficiente para que eviten todas las frustraciones de la separación, si preparan el ambiente propicio para que puedan enfrentar su realidad con mayor sabiduría y sientan mayor tranquilidad.

Algunas recomendaciones para bajar su nivel de preocupación son las siguientes:

Encargar a sus hijos con prudencia

No existe reemplazo para una buena madre pero, cuando esta debe trabajar, al encargar a sus hijos debe hacerlo después de una seria evaluación realizada con mucha prudencia. La mejor opción es encontrar un familiar que le ame, tenga buenas costumbres, buenos valores morales y que eduque a sus propios hijos sabiamente. Recuerde que una persona que no se preocupa por la seguridad y el bienestar de sus propios hijos, tampoco será una buena niñera de niños ajenos.

No debe elegir a esa persona solo porque sea un familiar y porque se haya ofrecido y comunicado su disposición a ayudarla. No solo se ayuda con buenas intenciones, la persona debe estar preparada, tener una buena actitud y saber responder con responsabilidad. Tampoco es suficiente la sincera disponibilidad, la persona que elija para que cuide a sus hijos debe demostrar amor y tener capacidad para cuidar a los pequeños con eficiencia y paciencia.

Si no tiene familiares con la capacidad que se requiere para que sus hijos estén seguros y si dispone de los medios económicos, dependiendo de la edad de sus hijos, una niñera o un jardín de infantes reconocido y cercano a su hogar o trabajo es una buena opción.

En ambos casos su mayor obligación es investigar la capacidad, los valores y la responsabilidad de las personas que pretende elegir y mantenerse permanentemente informada de la condición física y emocional de su hijo. Es que al encargar a su hijo usted no pierde la maternidad, solo ha delegado a una persona el cuidado de su hijo con autoridad y responsabilidad.

Organizar la ayuda de la familia

Para que los niños reciban el mejor cuidado posible, todos los miembros de la familia que están en edad de ayudar, deben hacerlo. Pero es la madre que conoce las demandas de un hogar y está preparada para atenderlas, quien debe organizar la ayuda del resto de la familia. La madre que asigna tareas permite que esa ayuda alivie en algo la pesada responsabilidad de atender a sus hijos con diligencia a la que ha agregado el peso y las tensiones de la vida laboral. Si el padre y los hermanos mayores ayudan y pasan tiempo con los niños pequeños, aunque hayan sido encargados a una niñera mientras los padres trabajan y los hijos mayores estudian, hacen más liviana la carga y establecen más conexiones en los lazos de familia.

La esposa debe designar las responsabilidades porque nadie mejor que ella conoce cómo, cuándo y cuál labor doméstica debe realizarse y la forma en que se debe hacer. El padre debe dar el ejemplo y acompañar en las labores a alguno de los niños y ejercer su autoridad para que los demás cumplan las tareas designadas.

Las madres deben exigirles a sus hijos desde pequeños que aprendan a ser ordenados. Deben guiarlos y presionarlos para que guarden sus juguetes después de usarlos, para que no jueguen con los adornos. De esa forma eliminan otra fuente de tensión. Los esposos debemos ayudar tanto en alguna labor doméstica como en el cuidado de los niños y asumiendo la responsabilidad de guiarlos a acostarse en el tiempo oportuno y con la actitud adecuada.

Cuando todos participan de alguna responsabilidad, no solamente se hace la carga más liviana para la madre que viene cansada del trabajo, sino que además, se aprende a vivir con respeto, con una actitud de apoyo mutuo y en unidad.

Existen ocasiones en que la situación familiar exige que la madre trabaje. Pero aunque no exista la alternativa de trabajar

Todo trabajo que debemos realizar en la vida familiar es más fácil lograrlo y produce mayor satisfacción cuando las personas se unen, se organizan y se preocupan no solo por servir a los demás o por su satisfacción personal, sino cuando todos buscan el bien común y tienen buena mayordomía particular.

o no, tiene la opción de aprovechar o no sabiamente el poco tiempo que dispone.

Para enfrentar esta situación elegida u obligada, la palabra clave es organización. La madre está pensando en ella y su salud y en el bienestar de sus hijos cuando determina programar la ayuda. Cuando se organiza, cuando establece horarios y orden en las actividades que cumplirá y cuando delega las responsabilidades a quienes deben y pueden ayudarla, se hace un bien a toda su familia.

Irse a los extremos es perjudicial. Irse al extremo de no involucrar a su esposo e hijos o de vivir dando órdenes sin la debida organización, produce mayor frustración. Por lo tanto, arregle su horario de tal forma que aproveche al máximo el tiempo disponible. Si por culpabilidad dedica la mayor parte de su tiempo a su hijo, se sentirá abrumada por la acumulación de tareas. Por otra parte, si solo se dedica a cumplir las permanentes demandas del hogar, no podrá instruir ni tener compañerismo con su hijo.

Distribuya su tiempo organizadamente. En su horario determine cuánto dedicará a su hijo, la cocina y otras labores, y no se olvide de dejar tiempo para usted.

Si organiza el tiempo que dedica al hogar con sabiduría, existen menos posibilidades que perjudique al niño.

Una obligación: Dedicar tiempo para descansar

Muchas madres piensan que podrán resistir el trabajo doméstico y fuera del hogar sin dedicar tiempo para descansar. Esa es una conclusión errónea que resulta en agotamiento y frustración.

Debido a su falta de mayordomía particular y a un gran complejo de redentora, muchas mujeres viven tensas, tensionadas, se irritan con más facilidad y están listas para explotar y por ello maltratan a los hijos que desean cuidar con amor. Hasta las máquinas se desgastan mucho más sin descanso y mantenimiento. Así toda madre necesita descanso y entretenimiento, lo crea o no.

Cada vez que aconsejo esto a una mujer, siempre me dice que no tiene tiempo, pero la gran verdad es que no determina cuidarse, organizarse y descansar porque no le da la importancia que tiene. Nadie puede tener tiempo para descansar si no lo determina. Recuerde que le dedicamos tiempo a todo lo que creemos prioritario.

No necesita descansar por tres o cinco horas diarias, pero debe tener breves periodos de descanso cuando está realizando sus labores rutinarias. Además, es imprescindible que acueste a sus niños temprano y dedique una hora a relajarse, por lo menos una o dos veces a la semana tomar un baño, dedicar tiempo para leer un buen libro, salir a caminar, salir a un centro comercial o hacer ejercicios y ver su programa favorito de televisión.

Las mujeres que no descansan, no solamente se vuelven irritables e hipersensibles y viven bajo seria tensión, sino que forjan su propia destrucción.

La mujer plenamente realizada no es aquella que obtiene grandes éxitos profesionales a costa del descuido de su familia. Tampoco aquella que se queda en casa cuidando a sus hijos y despreocupándose totalmente de su propio desarrollo físico, emocional y espiritual o sin preocuparse por suplir las necesidades esenciales de sus hijos. La mujer que se siente realizada es la que ama y se siente amada, la que se preocupa por satisfacer sus necesidades integrales, la que sabe amarse a sí misma como Dios la ama y que se entrega de manera plena a su marido, a sus hijos y a la sociedad.

Así como comer, dormir, bañarse y cocinar e ir a visitar a la amiga, son cosas compatibles con la maternidad y la correcta educación de los hijos, también es compatible trabajar, pero debe hacerse de la manera adecuada; así sea el trabajo fuera del hogar en algunos casos esencial, en otros opcional, debe realizarse sabiamente. Debe realizarse después de una determinación sabia, con las motivaciones apropiadas y en el tiempo adecuado. Nunca debe realizarse con una motivación egoísta y a costa de la destrucción de su familia o solo por alcanzar un lugar de poder en la sociedad.

La mujer plenamente realizada, no es aquella que obtiene grandes éxitos profesionales a costa del descuido de su familia. Es aquella que determina alcanzar sabiamente grandes metas personales sin perjudicar a su familia ni las relaciones familiares.

Los estados depresivos:
Tensiones sutiles que destruyen la vida

«Parte de la sensación de desamparo que
acompaña los estados depresivos graves
es pensar que esa condición es incurable.
Quien así piensa agrava su situación.
Toda mujer deprimida debe comprender
que desde las tensiones sutiles hasta
los estados más graves de depresión,
responden muy bien a los tratamientos
profesionales que se siguen con exactitud y
dedicación».

Algunas de las enfermedades más destructivas se mantienen escondidas y destruyen lentamente a las personas que deciden no enfrentarlas con sabiduría. Uno de esos estados destructivos es la depresión. Esta no solo mueve a las personas al mundo de la desesperación, sino que además les deja cautivas de la impotencia. Todo ser humano puede experimentar depresión, esto incluye a cristianos y no cristianos, niños y adultos, hombres y mujeres. Los hombres generalmente nos deprimimos por cosas más grandes y por razones más específicas. Muchas más mujeres pueden deprimirse aun sin causa aparente. Los días nublados, una simple discusión con una amiga o la suciedad que encontró al regresar a casa después de su temporada de vacaciones pueden ser causas que le motiven a sentirse no solo molesta, sino también deprimida.

Todos los seres humanos podemos experimentar bajadas de ánimo y sentimientos de tristeza, ansiedad y preocupación, por lo que debemos ser sabios en el manejo de toda situación. Sin embargo, puede que se encuentre en un estado depresivo que necesita atención. Si esos sentimientos de infelicidad son permanentes, no puede tener buenas relaciones interpersonales; pero, además, tiene efectos físicos y emocionales.

Para el propósito de este estudio y hablar en forma general de lo que experimentan muchas mujeres no definiré técnicamente la depresión, pero usaré el término en forma bastante amplia. Cuando la gente habla de depresión generalmente se refiere a una gran variedad de desórdenes del estado de ánimo que tienen mucha diferencia en sus síntomas y en los grados de severidad.

Todos podemos experimentar bajadas de ánimo y sentimientos de tristeza, normalmente decimos que estamos deprimidos, pero existe una gran diferencia entre vivir experiencias de infelicidad y tristeza, que son normales en la vida, y lo que se llama depresión clínica. Pasar por alguna temporada de angustia y aun anhelar morirse puede ser el último nivel de una depresión normal. Si estos sentimientos permanecen por algunas horas o algunos días no necesariamente son absolutamente destructivos pues no necesariamente interrumpen el flujo normal de las actividades de una persona. Pero cuando una persona prolonga su estado de desánimo en forma innecesaria o ese estado le impide llevar una vida normal, debe considerar su estado como peligroso. La diferencia entre una depresión normal y la clínica puede ser marcada por la duración de ese estado y en otros casos lo que establece la diferencia es lo severo de los síntomas que la persona experimenta. Cuando los síntomas interrumpen constantemente el sueño, el apetito, el deseo y la energía para trabajar y mueven a la persona al encierro, al abandono de sus responsabilidades, a evitar sus relaciones interpersonales, podemos decir que la persona vive en un estado anormal que requiere tratamiento.

Los estudios confirman que la depresión es más común en las mujeres que en los hombres. No podemos hablar de las damas sin hablar de los periodos depresivos que experimentan en su pubertad, durante el embarazo, en sus reglas mensuales y en la menopausia.

INFLUENCIAS VARIADAS

Existen muchas cosas que pueden afectar a la mujer. Ellas tienen un excelente sistema para recordar detalles, no solo de las experiencias buenas sino también las perjudiciales. Tienen una visión panorámica de la vida y ven como algo importante cosas que para los hombres son irrelevantes.

Al estudiar el mundo de la mujer y vivir con una de ellas me he dado cuenta de cuánta influencia tiene en su vida no solo la presión externa sino también la interna. Siempre le digo a mi esposa que estoy muy agradecido a Dios por no ser mujer. No es que desprecie su realidad sino que por haber estudiado su mundo y por escuchar tantos testimonios de mujeres, noto lo difícil que es. Estoy seguro que no entiendo todo su mundo, pero lo entiendo bastante. No puedo pensar como mujer, pues ningún hombre puede hacerlo y por ello es imposible comprender en su totalidad su extraño y hermoso, pero también conflictivo mundo. Una de ellas me decía que ser mujer en cuerpo de mujer era muy complicado.

Si la depresión es más común en las mujeres, no existe duda que existen factores biológicos que contribuyen a sus cambios de estado de ánimo. Parece existir una predisposición genética y hormonal que prepara el ambiente para la tendencia a la depresión. Su forma de ver la vida con gran énfasis emocional y los fuertes lazos que le unen a su familia, contribuyen a una mayor preocupación. Su sentido proteccionista, su entrega a la maternidad le hace integrarse profundamente en la problemática de la familia y vivir más íntimamente las angustias de todos los que ama.

El esfuerzo por tratar los problemas diarios de sus hijos y la imposibilidad de atender todas las necesidades de quienes ama es una gran fuente de frustración que tiende a producir estados depresivos. Los niños pequeños, con mayor razón cuando hay una buena cantidad de ellos, producen muy serias demandas. Los cambios que experimentan los adolescentes y su alejamiento paulatino de la madre afectan a la madre que les ama. Su mayor deseo de independencia y la pérdida paulatina del control que la madre tiene sobre ellos, presionan a la mujer para que se sienta desesperada. A veces siente la presión de mantener a sus hijos bajo sus alas y se siente culpable por no ser una buena madre debido a las discusiones que tiene con ellos cuando intentan que cumplan sus deberes y porque espera que ellos sean más sensibles.

> *Si no es sabia, si no pone límites, si no es una buena mayordoma de su vida y si exagera la preocupación por sus hijos y por su esposo, la mujer experimentará una constante presión que puede producirle una seria depresión.*

Sus cambios naturales

Algunas mujeres experimentan periodos depresivos y temporadas de irritabilidad generadas solo por los cambios biológicos que experimentan. Esos periodos son más intensos antes de su menstruación y pueden prolongarse durante y después de ese proceso. Esos sentimientos de angustia, ver la vida oscura, sentirse más sensible, la presionan y se sienten más irritables. En esos momentos, algunas mujeres tienden a enojarse con mayor facilidad pues ven la vida como a través de una lupa. Muchas mujeres durante ese periodo ven todo negro, se sienten más débiles, se cansan con mayor facilidad y tienden a experimentar un mayor estado de hostilidad.

Hoy más que nunca se ha identificado y se habla del síndrome premenstrual que afecta a muchas mujeres, aunque no se haya informado lo suficiente. También, muchos hombres desconocen, no entienden o no creen que su esposa sea afectada emocionalmente durante el periodo menstrual y debido a sus reacciones inadecuadas a una necesidad que no puede ser evitada, en vez de servir de ayuda, se convierten en otra fuente de presión. Las mujeres pueden experimentar síntomas dolorosos como calambres, dolores musculares y de cabeza. También pueden experimentar síntomas sicológicos como tendencia a irritarse fácilmente, ansiedad, depresión, ganas de llorar y desesperación. También experimentan síntomas físicos como mayor sensibilidad en sus senos, embotamiento y aumento de peso.

He observado que muchas mujeres por no buscar su realización personal viven un mundo lógico de irrealización. Se acostumbran a dar todo por los demás porque es parte de su sacrificio y amor, pero no dan nada o dedican insuficiente tiempo para satisfacer sus propias necesidades.

Otra de las temporadas difíciles de la vida de la mujer ocurre durante la menopausia, pues se encuentra en un momento de grandes cambios biológicos que producen una existencia tormentosa. En los últimos años se ha notado que la edad en que la menopausia llega a la mujer ha bajado y no es extraño encontrar mujeres menores de cuarenta años experimentando los síntomas. Tristemente al igual que en muchas otras áreas, muchas mujeres no entienden bien todo lo que ocurre, tienen ideas erróneas o no buscan información y ayuda profesional. Durante la menopausia, algunas mujeres creen equivocadamente que dejarán de tener deseos sexuales o que la menopausia tempranera es signo de debilidad. Algunas mujeres han creído que es un signo de vejez y que dejarán de ser atractivas para el hombre o acelerarán su proceso de envejecimiento. Otras creen que no podrán responder sexualmente y sienten una seria preocupación. Esas ideas erróneas y el rechazo a buscar ayuda médica, pueden generar más depresión.

La forma más emocional de ver la vida, su preocupación por los detalles y los cambios hormonales que se producen regularmente en el cuerpo de la mujer debido a su menstruación, son presiones naturales que pueden producirle depresión. La mujer debe informarse y tener un plan práctico y efectivo para lidiar con sus estados depresivos.

Debido a que muchos de esos cambios producen irritabilidad y sensibilidad, es difícil para muchos hombres relacionarse sabiamente con sus esposas, por lo que prefieren alejarse. La ausencia de cercanía de su esposo y los sentimientos de abandono pueden generar un estado depresivo. Las mujeres tienden a vivir enamoradas del amor y anhelantes del romanticismo, cuando no lo tienen se angustian y cuando no lo resuelven pueden caer en un estado depresivo. Muchas mujeres desean pasar bastante tiempo involucradas en relaciones con los miembros de su familia, pero los hombres tendemos a involucrarnos más en lo que nos permita avanzar económicamente. Nosotros podemos involucrarnos en deportes, hobbies, nos enamoramos de nuestro trabajo y podemos hacernos adictos a la diversión y los amigos. Las mujeres tienden a ser adictas a las relaciones interpersonales y desear más compañía de sus esposos e hijos. De esta forma, una mujer que no tiene lo que cree que necesita y que siente que no puede dar lo que los demás necesitan, puede sentirse frustrada y deprimida.

Predisposición genética

Existen personas con depresión endógena, es decir, que no se debe a una causa externa, aunque puede ser influida por lo externo. Esas personas pueden tener un defecto bioquímico determinado genéticamente responsable de las depresiones periódicas. Pueden estar viviendo una vida normal y comenzar a experimentar depresión, pero aun así no se descarta la posibilidad de que exista algún factor detonante.

Los especialistas coinciden en que hay cierta «vulnerabilidad genética» en algunas personas para sufrir ansiedad, pero también influyen factores sociales, que son los que hacen que en ciertos casos ese estado sea recurrente o constante. La persona sufrirá de más estados depresivos si a la fuerte predisposición genética a la depresión biológica que existe en la familia, se agrega un estilo de vida sedentario, una actitud errónea para enfrentar la vida y si elige un estilo de vida que produce demasiada tensión.

Cada persona debe evaluar su situación, recordar si esas tendencias depresivas también afectan a otros familiares o preguntar a su madre y hermanas si batallan con las mismas tendencias, pero un especialista debe ser el encargado de determinar si la persona tiene una predisposición a una depresión biológica.

Las enfermedades

Existe un gran número de enfermedades que producen depresión. Un médico debe evaluar las posibilidades que existen detrás del cuadro que la persona presenta, por eso nadie se debe auto diagnosticar.

Muchas de las enfermedades físicas, sobre todo las graves, provocan tensión emocional. Otras pueden aparecer como resultado directo de la depresión ya que esta afecta y debilita el sistema inmunológico. Incluso el tratamiento de una enfermedad física no necesariamente solucionará la depresión subyacente. Es decir, es posible que una enfermedad física y una siquiátrica puedan coexistir aunque no haya relación mutua.

Enfermedades como el cáncer, las enfermedades cardiacas, los problemas con la tiroides, los desequilibrios hormonales, el sida y otras de naturaleza sicológica pueden generar estados depresivos.

Muchos hombres bien intencionados y desesperados por ayudar a sus esposas en estados depresivos dicen o hacen cosas con la sana intención de ayudar, pero no se dan cuenta de que si no se preparan y entienden la situación, más bien pueden perjudicar. Si un marido realmente desea ayudar, se debe informar, porque si actúa sin conocimiento, debido a su inexperiencia y pese a sus buenas intenciones, cometerá dolorosas equivocaciones. Sin embargo, también debe prepararse la mujer para tratar su realidad con responsabilidad. La mujer y no su marido es la responsable final de que pese a las presiones viva una vida normal.

Una ayuda valiosa

Creo que muchas mujeres fallan al no lidiar con la depresión de la forma que es necesaria. Tristemente no muchos hombres ayudan, a pesar de que podemos actuar con sabiduría y evitar conflictos que aumenten su depresión y ayudarlas con actividades que las ayuden en su proceso de recuperación. Muchos maridos, debido a que ignoran lo que ocurre con la mujer, se convierten en un obstáculo o un factor destructivo que contribuye a agravar su situación. Que ayudemos o agravemos la situación depende de la actitud, las palabras y las acciones que tenemos cuando ellas se encuentran en momentos depresivos. En realidad no es fácil tratar con una persona que tiene emociones tan confusas y que por momentos ve la vida tan negativa, pero si es posible si nos preparamos para entregar una ayuda que verdaderamente ayude. Los hombres debemos estudiar distintos temas que nos ayuden a conocer mejor a nuestras esposas, porque como explico en mis libros: *¿Conoce usted a su esposa?* y *¿Conoce usted a su esposo?*, nadie puede amar bien a quien conoce mal. Existen muchos hombres bien intencionados que actúan de distintas formas cuando sus esposas se hallan en un estado depresivo creyendo que están ayudándolas, pero en realidad, debido a su inexperiencia y a sus buenas intenciones, cometen algunas equivocaciones.

Para convertirnos en esposos amorosos que ayudan a su cónyuge en sus momentos depresivos, en vez de convertirnos en sus peores enemigos, debemos aprender con profundidad acerca del mundo femenino y actuar con sabiduría dentro de nuestro rol de líderes de la vida familiar. En vez de convertirnos en personas agresivas, los hombres debemos involucrarnos más para ayudar a nuestras esposas en las tareas físicas que requieren energía, sobre todo durante su periodo menstrual. Debemos animarla a que descanse y darle el espacio que necesita cuando se encuentra alterada, tratarla con mucho respeto y, aun cuando sea indispensable, exhortarla con tanto amor que se sienta realmente respetada. Por nuestro bien, el bien de nuestra familia y para ayudar a nuestras esposas, debemos evitar las discusiones, apoyarla prácticamente y tener paciencia cuando ella se encuentre irritada, supersensible o simplemente deprimida.

Síntomas de la depresión

La depresión se puede identificar si la mujer pone atención a los siguientes síntomas que puede estar experimentando:

Pérdida de energía

Una mujer en estado depresivo generalmente pierde su energía para enfrentar la vida. Se cansa con regularidad y aunque no pueda apuntar a algo en particular que le provoque, ve el resultado y puede atestiguar de lo que ha sufrido para llegar al estado en que se encuentra. Muchas mujeres deprimidas, a pesar del esfuerzo realizado, ven que su esfuerzo no tiene razón de ser y al menor descuido vuelven a ver su casa desordenada, pero no tienen la energía para realizar las labores necesarias.

Cambios en su hábito de dormir

El síntoma más común en los estados depresivos es el insomnio. La persona puede no poder dormir fácilmente o despertarse demasiado temprano. Se duerme con dificultad y luego se despierta como a las tres, cuatro o cinco de la tarde muy cansada y pensando que no ha dormido nada. Muchas personas duermen como si estuvieran despiertas y por eso después andan como si estuvieran dormidas.

Otras sufren hipersomnia, que es el otro extremo que mueve a las personas deprimidas a sentir deseos de dormir todo el tiempo.

Cambios en el apetito

Algunas personas deprimidas sufren serios trastornos en sus hábitos alimenticios. Ciertas mujeres pierden peso debido a que dejan de comer las cantidades debidas, en los horarios adecuados y con la nutrición necesaria.

Otras sienten una constante compulsión a comer. Por ello aumentan de peso y aumentan su angustia, debido a que se dan cuenta de que su peso está aumentando.

Debido a los cambios alimenticios y los nervios que la persona experimenta y que le afectan físicamente, algunas sufren de problemas con su estómago, el colon, etc. Otros sufren gastritis o úlceras, lo que hace más difícil su situación; pues debido a lo mal que se siente, más nerviosa se pone la persona, y mientras más se preocupa y batalla emocionalmente, más le afecta en lo físico.

Ausencia de placer

La «angedonia» es un síntoma fuerte de la depresión. La persona entra en un estado de angustia tal que pierde su capacidad de disfrutar la vida. Nada o muy pocas cosas le parecen divertidas. Ni siquiera puede disfrutar de los hobbies que antes le producían entretenimiento porque está enfocada en su sensación de angustia y sufrimiento. Hay personas que pierden interés en su profesión e incluso llegan a despreocuparse de sus responsabilidades debido a que ya no disfrutan como antes. Cuando una mujer está deprimida, pierde su interés en ser un aporte positivo a las relaciones saludables y deja de disfrutar las cosas pequeñas que antes le gustaban. Incluso muchas personas dejan de sentir deseos de expresar su fe, participar de encuentros con personas, y creen que tienen un profundo problema espiritual que les hace sentirse alejadas de Dios. Poco a poco ha ido perdiendo la capacidad de derivar placer de su propia vida, de las relaciones con otros, de su profesión y aun de su congregación.

Falta de concentración

Las personas deprimidas pueden experimentar momentos de seria desconcentración. Debido a que su vida se vuelve tan vacía, pueden vivir como zombies y con una gran falta de interés por lo que ocurre con ella y con otros. Debido a la sensación de angustia no ponen la suficiente atención o se olvidan de las cosas por falta de concentración. Generalmente bajan su nivel productivo y la calidad de su trabajo, por lo que puede ser peligroso conducir un automóvil o aun operar alguna maquinaria que requiera concentración. Algunas personas deprimidas que trabajan utilizando una computadora relatan que hay momentos en que se descubren mirando por varios minutos al monitor de su computadora o no pueden entender lo que están leyendo.

Pérdida de interés en la vida sexual

La mayoría de las mujeres, y algunos hombres, al pasar por temporadas depresivas pierden interés en su vida sexual. El rechazo a las relaciones sexuales genera problemas en la vida matrimonial y los conflictos relacionados crean otra presión que perjudica su estado depresivo.

Constante sensación de desesperanza

La mujer deprimida vive en una constante sensación de desesperanza. No halla salida a su situación y pierde toda ilusión y motivación. Por momentos la agobia la tristeza, se siente como congelada emocionalmente. Las emociones son tan cambiantes y sus sentimientos por momentos no fluyen o quiere expresarlos todos a la vez. Pareciera que la persona deja de ver el colorido de la vida y viviera en un mundo blanco y negro en cámara lenta.

La asaltan constantes pensamientos dolorosos y pierde su capacidad de percibir la vida de una manera normal. Todo lo

Hay mujeres que en medio de sus angustias y depresión se refugian en las actividades de una congregación. Así como hay hombres que en temporadas de dificultad y tensión se refugian en sus actividades laborales. También hay mujeres que creen que por tener muchas actividades eclesiásticas son más espirituales y piensan que debido a que en las actividades religiosas encuentran un alivio temporal, están lidiando con su estado sabiamente. Pero aunque la espiritualización del problema puede dar alivio temporal, no quita la depresión, más bien la aumenta.

ve más grande, más calamitoso, más doloroso, más complicado y más difícil.

Las mujeres deprimidas experimentan grandes sentimientos de indignidad. Se consideran una falla y aunque por momentos pueden culpar a otros de su situación, también tienden a vivir con un gran sentimiento de culpabilidad.

Debido a que ven todo su futuro nublado, sienten que fallan en el presente y se enfocan en lo malo del pasado, aumentan su sensación de desesperanza y pueden llegar a sentirse tan decepcionadas de la vida que a veces pueden desear morirse y, en casos graves, hasta pensar en quitarse la vida.

Crisis espiritual

En medio de tanto dolor y por ser incapaces de pensar equilibradamente, muchas mujeres viven una crisis espiritual. Otras se preguntan dónde está Dios en medio de ese mundo de angustia que viven. Algunas se preguntan: ¿Si soy cristiana por qué me siento deprimida? Como no encuentran respuestas, unas se sienten pecadoras y que le han fallado a Dios, a pesar de que la Biblia está llena de ejemplos de cristianos deprimidos. Job recibió la reprimenda de sus pseudoamigos y su presión para que se arrepintiera. Ellos le decían que sus pecados habían provocado todas las calamidades que estaban viviendo. La pérdida de sus propiedades, la muerte de sus criados, la muerte de sus hijos, la sarna que le afectó de pies a cabeza y la maldición de su propia esposa eran suficientes presiones emocionales como para sentirse deprimido. Pero agregaba dolor la constante acusación de esos pseudoamigos. Por ello Job les da un gran consejo: «Ojalá callarais por completo, porque esto os fuera sabiduría» (13.5).

Job dice lo siguiente acerca de una persona deprimida: «El atribulado es consolado por su compañero; aun aquel que abandona el temor del Omnipotente» (6.14).

El estado depresivo nos afecta en nuestra percepción de la vida espiritual. Podemos percibir a Dios como enojado o distante y creer que todo lo que nos ocurre es culpa de nuestros pecados, pero no siempre nuestra percepción es apropiada. La verdad es que Dios nunca se aleja de nosotros y siempre está presto a amarnos, cuidarnos y guiarnos, aun en medio de los más difíciles estados depresivos.

Desarrolle amistades profundas y cambie su sistema de vida

Definitivamente existen personas cuya amistad nos aumenta la presión y debemos evitarlas, pero también hay las que pueden dar una gran contribución a nuestras vidas. Buscar una amiga con quien pueda tener un programa de ejercicios regularmente, con quien pueda caminar a diario o salir a relajarse una vez por semana, es una excelente manera de evitar la acumulación de estrés y de tratar los estados depresivos.

Evalúe bien su horario diario y determine los cambios que sean necesarios. Si la mayor parte de su tiempo lo dedica a atender las necesidades de su familia y no deja espacio para atender las suyas, está actuando sin sabiduría.

Acepte tomar medicina solo cuando sea indispensable

No siempre es posible lidiar con los estados depresivos sin tomar medicina, pero nunca se automedique o tome medicinas prescritas a otras personas.

La depresión puede ser tratada siguiendo un proceso de asesoramiento profesional, pero cuando el paciente no coopera al no seguir las instrucciones disciplinadamente, puede agravar su situación, por lo que requerirá de medicina. La combinación de consejería y medicina ayuda mucho. La consejería puede ayudarle a ver la vida en forma real, a descubrir formas de enfrentar los conflictos, a tomar decisiones correctas y a tener una actitud más positiva.

También ayudará a la persona hacer ejercicios regularmente y de acuerdo a las indicaciones médicas así como también tener una nutrición adecuada.

En casos necesarios, la depresión debe tratarse con antidepresivos ya que ayudan a incrementar el número de mensajeros químicos en el cerebro y pueden ayudar a su recuperación. Los doctores tendrán cuidado de algunas cosas porque su receta depende de varios factores. Querrán conocer si usted está tomando otra medicina o tiene otras enfermedades. Querrán saber acerca de su salud en general y, si ha tomado anteriormente antidepresivos, cuál de ellos ha ayudado. También investigarán si tiene historia de personas con tendencias depresivas en su familia. Los antidepresivos pueden causar algunos efectos secundarios y la medicina correcta para su caso puede ser la que menos efectos produzca. Su doctor buscará medicinas que le ayuden a dormir relajadamente, que le ayuden con el problema de ansiedad y su falta de energía. Para su recuperación, es esencial que usted pueda dormir y recuperarse. Debido a que las personas se hacen dependientes de muchas medicinas para tratar los estados depresivos, estas deben ser utilizadas solo en casos serios. Si ha tratado de seguir todas las instrucciones del consejero, si se ha involucrado en un programa regular de ejercicios y, pese a ello, continúa con su estado depresivo, entonces debe seguir las instrucciones de su médico y continuar todo el tratamiento con las medicinas recetadas.

Los antidepresivos, en ciertos casos, son esenciales para ayudar a las personas que llegan al médico en estado crítico y cuando estas han tratado todos los medios necesarios para evitar los medicamentos que producen dependencia. Las personas no deben automedicarse ni utilizar medicamentos recetados a otras personas. Son los médicos quienes deben determinar cuándo son esenciales los antidepresivos y cada persona debe tomarlo por un tiempo prudente; luego debe comenzar a salir de ellos bajo control médico y mediante los ejercicios y el relajamiento que les permita abandonarlos poco a poco.

9

Las relaciones familiares no saludables: Tensiones diarias profundas que producen destrucción

---

«Las mujeres son muy sensibles y su autoestima aumenta cuando tienen relaciones familiares amorosas y saludables. Las malas relaciones entre sus seres queridos no sólo preparan el ambiente para su insatisfacción, sino que además, son una de las más fuertes causas de su depresión».

Dios nos creó con la necesidad de amar y ser amados, eso nos obliga a desarrollar relaciones saludables si queremos tener un estilo de vida apropiado. Las relaciones interpersonales en la vida son esenciales, pero debido a que no sabemos cómo realizarlas, debemos aprender a desarrollarlas con sabiduría para que sean provechosas. Es imposible vivir sin relacionarse; la única opción que tenemos es relacionarnos bien o mal.

En la vida familiar todos estamos relacionados, lamentablemente no en todas las familias existen relaciones provechosas. Cuando nos relacionamos con nuestros familiares tenemos la posibilidad de transferir algo de nosotros a los demás y permitimos que ellos nos transfieran algo a nosotros. Entre los miembros de una familia, podemos apoyarnos o atacarnos, podemos herirnos o sanarnos de las heridas que nos producen otras relaciones interpersonales, siempre y cuando las relaciones sean adecuadas. Los miembros de la familia pueden desarrollar una relación de empatía, cercanía y respeto o ignorarse, herirse y obstaculizar su desarrollo.

Esa necesidad de amar y ser amados no es satisfecha si no aprendemos a conectarnos de la forma planificada por Dios. Para relacionarse provechosamente es esencial que aprendamos a conectarnos saludablemente con las personas apropiadas. Esa es la tarea esencial de la paternidad y la maternidad. Somos los padres los encargados de enseñar a nuestros hijos a conectarse de la forma que es necesaria. Primero debemos aprender a conectarnos con Dios y con otros seres humanos y enseñar a nuestros hijos a hacerlo como Dios lo ideó. Si no lo hacemos no podemos modelarlo y nuestra enseñanza será vacía. Si no enseñamos a nuestros hijos a relacionarse con Dios, pensarán que ellos son los que deben tener dominio de la vida y no entenderán que Dios es soberano y quien tiene el control de todo. Si nuestros hijos no aprenden a relacionarse con los miembros de su familia, pensarán que todo su mundo gira en torno a ellos y que los demás no son importantes.

Las relaciones interpersonales sabias, nos ayudan a enfrentar la vida efectivamente. Las personas amorosas y que actúan correctamente nos pueden confrontar y guiar para corregir áreas erráticas en nuestro carácter. Las personas que no tienen sabiduría ni saben relacionarse pueden ser un obstáculo para nuestro desarrollo, obstáculo que debemos vencer.

Si aprendemos a vivir en equilibrio, amando a Dios, a nosotros mismos y a nuestra familia, aprendemos a vivir con madurez.

Si amamos a Dios y nos respetamos, las relaciones familiares serán saludables. Jesús fue específico al decir que no hagamos con otros lo que no queremos que hagan con nosotros. El éxito de nuestra vida depende en gran medida de la habilidad que adquirimos para relacionarnos adecuadamente con Dios y con los demás.

Las familias bien conectadas emocionalmente proveen un ambiente de seguridad. Cuando se desarrolla el respeto, el apoyo mutuo, el trabajo en equipo y existe la motivación y la corrección sabia, aprendemos a enfrentar las demandas de la vida y a solucionar muchos conflictos. Es maravilloso ser miembro de una familia saludable.

La mujer que observa a su familia relacionándose bien y que también aprende a hacerlo, sentirá una gran realización.

Cuando nos relacionamos profunda y amorosamente con Dios y con personas significativas, podemos desarrollar un estilo de vida normal, apoyarnos mutua y sabiamente para así poder enfrentar con eficiencia las dificultades que enfrenta todo ser humano constantemente.
Cuando una mujer ve a su familia relacionándose amorosamente se siente motivada y no es herida. Cuando es testigo de las constantes discusiones y el irrespeto, no solo se sentirá impotente, sino también deprimida.

Eso le brinda una gran defensa contra la depresión y cualquier conflicto. El otro lado de la moneda es que cuando una mujer es testigo de serios conflictos en su vida familiar y no sabe relacionarse sabiamente, es casi seguro que batallará con estados depresivos constantemente. El mundo de tensión que experimentará será intenso y destructivo y su calidad de vida muy mala.

Las malas relaciones, motivadoras de depresiones

Debido a que las mujeres son muy sensibles y su autoestima aumenta por las relaciones amorosas y saludables, las malas relaciones familiares preparan el ambiente para los estados depresivos de ellas. Las relaciones enfermizas que motivan los estados depresivos, pueden manifestarse de muchas maneras en las relaciones familiares. Mencionaré algunas de ellas:

La infidelidad

La infidelidad es una de las enfermedades más destructivas de las relaciones familiares. Tristemente existen muchas familias destruidas o en camino a la destrucción pues vivimos en un mundo en que es más fácil ser infiel que fiel y no solo aumenta el número de personas infieles, sino que existe una gran competencia entre los sexos.

En Estados Unidos se han realizado encuestas para determinar los porcentajes de infidelidad femenina y masculina, los resultados son desalentadores. La revista *Cosmopolitan* hizo un estudio entre sus lectores que revela que de 106 mil encuestadas, el 54% de las mujeres casadas habían tenido al menos una aventura amorosa. De un total de siete mil 239 hombres encuestados, el 72% de los casados había cometido adulterio en los dos últimos años. Estas conclusiones son impresionantes aunque algunos piensan que la diferencia entre las mujeres y los hombres es cuestionable, puesto que generalmente los hombres tienden a alardear mucho de su vida sexual, en cambio las mujeres casi siempre prefieren ocultar sus aventuras.

Rosenzvaig cita un estudio de F. Pittman que hizo seguimiento a cien parejas infieles que estaban recibiendo terapia. Todas esas personas habían buscado ayuda por el dolor que experimentaban; entre sus problemas estaba la infidelidad, aunque probablemente algunos de ellos no lo sabían, y otros no lo consideraban relevante en la crisis que enfrentaban.

De los cien casos que buscaron asesoramiento, sesenta eran hombres y cuarenta mujeres. Ocho de las mujeres y cuatro de los hombres habían sido infieles motivados por rencor o como un acto de venganza ante la infidelidad del cónyuge. Veinticinco personas sometidas a esta encuesta creían que todos en algún momento tienen aventuras aunque no lo reconozcan, especialmente los de su género. Las pocas mujeres que estaban en esta categoría creían que todos los hombres son adúlteros, y que las mujeres deberían tener los mismos derechos que los hombres. De todos los participantes de esta encuesta, setenta habían tenido más de una relación extramarital. Algunos hombres reconocían que habían tenido un gran número de adulterios pues se habían relacionado con una variedad de parejas, y que tendían a elegir a mujeres desconocidas. La investigación determinó que todas las mujeres y la mayoría de los hombres cometían actos de infidelidad con personas que conocían, incluyendo compañeros de trabajo, amigos de la familia y parientes. Por eso este es uno de los gigantes más destructivos de la vida familiar. No solo duele el engaño, sino que duele más cuando ocurre con personas cercanas y conocidas para la familia o para ambos cónyuges.

> *La infidelidad es uno de los flagelos más destructivos de la vida familiar y es que no solo es un acto de traición que hiere profundamente sino que, además, generalmente ocurre entre amigos o personas con quienes los miembros de la familia conviven o tienen relación.*

La presión externa

En todo caso de infidelidad existen fuerzas externas que se presentan como atractivos anzuelos con excelentes carnadas que motivan a la persona a romper sus principios e ignorar su moralidad. Todo depende de que coincidan algunos factores y la persona está en serio peligro de vivir en un mundo de engaño.

La carnada más atractiva para las mujeres puede ser un amigo, compañero de trabajo, un jefe que la trata con respeto y mucha delicadeza. Muchas mujeres no necesariamente son motivadas a adulterar por conocer a un hombre guapo. Casi nunca caen rápidamente sino después de un proceso de acercamiento que les va cautivando. La carnada más atractiva para la mayoría de los hombres es un cuerpo que les guste. Debido a que los hombres somos más orientados a lo físico, tendemos más a las conquistas porque nuestra autoestima aumenta con los logros que alcanzamos. Como somos atraídos primariamente por lo que vemos, la motivación al adulterio puede ocurrir con rapidez. Pero la realidad nos indica que hombres y mujeres somos vulnerables a la presión externa que nos motiva al pecado.

La presión externa puede ser una persona atractiva o una amorosa y tierna. Puede ser una relación de profunda empatía y de acercamiento súbito o un acercamiento paulatino que se da en el encuentro de personas con algún tipo de conexión física o emocional.

La presión interna

También existen fuerzas internas que nos presionan a actuar indebidamente. Estamos en serio peligro cuando la presión interna encuentra una carnada extraordinaria y atractiva que se transforma en la presión externa.

La presión interna se puede producir por una baja autoestima. Una persona que cree que no vale puede ser seducida por alguien que le hace creer que vale y le da importancia. También esa presión puede manifestarse en el deseo de huir de una relación enferma y encuentra en la infidelidad una puerta de salida. Puede ser el deseo de vengarse por otro adulterio. Ese deseo de venganza puede crear la motivación precisa para vivir en el engaño. También es una presión interna la insatisfacción en su vida sexual matrimonial. Cuando uno de los cónyuges se siente decepcionado de su vida sexual o siente que no están siendo satisfechas sus expectativas, o sus necesidades de relaciones sexuales continuas, será motivado a buscar otra relación aunque sea pasajera. Otras personas son presionadas a la infidelidad por la frustración que experimentan debido a los conflictos con su cónyuge y por una tendencia constante a hacer lo prohibido. También podemos incluir en la presión interna la falta de valores adecuados que motivan a la persona a dar rienda suelta a sus pasiones y que permiten que tome decisiones erróneas movida por sus emociones y no por decisiones correctas motivadas por sus sabias convicciones.

Como se puede dar cuenta, de por sí estas condiciones de las personas, este ceder a las presiones internas y externas ya son lo suficientemente poderosas como para llevarles a estados depresivos, pero es mucho más grave el dolor y el estado de depresión cuando ocurre la infidelidad y se descubre todo un mundo de engaño y traición.

La presión social

Quienes no tienen valores apropiados pueden ser fácilmente influenciables y por ello la presión social se convierte en una fuerza poderosa que puede motivar a las malas relaciones que sumergen a muchas mujeres en estados depresivos. La presión de los amigos, la idea de que el adulterio es una aventura emocionante, la falta de valores morales absolutos en la sociedad y las tendencias a vivir dentro de filosofías liberales son fuertes presiones que existen en la sociedad. También podemos incluir en la presión social la exaltación de los adulterios en películas y telenovelas y la proyección emocionante y hasta tentadora de las aventuras amorosas. En la sociedad existe la tendencia a proyectar la imagen llamativa de las relaciones extramaritales, en vez de mostrar las angustias, heridas, depresión y pérdidas que esos actos pecaminosos producen.

Esa ausencia de valores adecuados, ese facilismo que enseña la sociedad y la sensación de aventura que proyectan, hace que se prepare el camino a la infidelidad. Quienes tienen la mayor fortaleza para luchar contra ese flagelo destructor de las relaciones familiares y motivadoras de estados depresivos, aunque no son inmunes, son las personas que aman a Dios, que tienen los más altos valores morales y una relación matrimonial saludable.

Una receta para el éxito y otra para el fracaso

Existen muchas razones que promueven la infidelidad, pero ninguna justifica un acto de adulterio, ya que produce terrible dolor y severas consecuencias en el cónyuge inocente y en algunos casos es la causa de la destrucción del matrimonio.

La infidelidad destruye la confianza a tal nivel que para algunos es muy difícil y, en algunos casos, imposible recuperarse del daño sufrido.

La mejor receta para tener fortaleza para luchar y alcanzar éxito en nuestra lucha contra la infidelidad, contra lo apasionante de una relación adúltera es amarse, aprender a confrontar los conflictos, ser cercanos y alimentar el fuego del amor constantemente. Tenemos herramientas para luchar por la victoria cuando los cónyuges nos ponemos de acuerdo para mantener los más altos valores morales, cuando nos cuidamos mutuamente y cuando aceptamos la amonestación del cónyuge cuando este se da cuenta de que existen señales peligrosas. Nos protegemos y tenemos más probabilidad de vencer cuando cada uno se mantiene vigilante con sus propias debilidades y busca ayuda cuando no puede tener señorío sobre una tentación.

La receta para el fracaso es sencilla y destructiva. Solo permita que su relación matrimonial se enfríe, no enfrenten los problemas con sabiduría y no busquen ayuda cuando se den cuenta de que son incapaces de sanar sus heridas o vivir sabiamente. La receta para el fracaso es creer que el adulterio nunca le visitará y no tener fuertes valores morales. Recuerde que ninguna persona es inmune al adulterio, no existe vacuna para ello, pero si en su matrimonio mantienen el compromiso, la unidad, las relaciones sexuales saludables y la buena comunicación, tienen más fortaleza para evitar la tentación.

Un gigante dormido

La infidelidad es un gigante dormido que constantemente se levanta para motivarnos a hacer lo que pide la pasión, pero que rechaza los altos valores morales que nos dan fortaleza para no caer en la tentación. Generalmente pensamos que las personas que tienen relaciones sexuales fuera del matrimonio siempre andan en busca de una aventura. Sin embargo, nadie es inmune a caer en las garras de la tentación. Aunque la gran mayoría creemos en la fidelidad, tristemente todos corremos el riesgo de hacer lo malo que no necesariamente buscamos.

No existe mayor peligro que vivir como cónyuges independientes e ignorando las necesidades de satisfacción sexual del otro o exigiendo prácticas o frecuencias que no son saludables.

Cuando las fuerzas internas —como la baja autoestima, el deseo de huir de una relación enferma, el deseo de vengarse por otro adulterio, la insatisfacción en su vida sexual matrimonial, la frustración por los conflictos con el cónyuge— y la tendencia pecaminosa a hacer lo prohibido se juntan con las presiones externas —como una persona tierna y amorosa, galante, detallista, con lindo cuerpo y hermosa—, la persona vive una tentación sumamente peligrosa. Entonces se inicia una seria tempestad pues la persona está frente al gigante dormido llamado pecaminosidad.

La mujer que experimenta esas presiones en su vida no puede evitar sentirse deprimida y si a eso le agrega el dolor o la culpa o todos los problemas que genera un acto de infidelidad, no solo experimentará momentos de desesperación sino que terminará en una terrible depresión.

No existe mejor protección contra el gigante dormido que se llama infidelidad, que tener buenos valores morales, amar a Dios y sus principios, sanar las heridas de los conflictos naturales y atender con sabiduría los problemas matrimoniales. Cuando los esposos se brindan cariño, son honestos y mutuamente satisfacen sus necesidades de amor, cariño e intimidad sexual, están creando una gran muralla de protección en su relación matrimonial.

Cuando un cónyuge es infiel vive en un mundo de presiones que poco a poco van destruyendo su integridad. No se puede jugar con la maldad y vivir saludablemente. No se puede tener victoria sin huir del gigante cuando se despierta y nos ataca. Ese gigante busca meternos en su mundo e intenta dominarnos, pero nosotros debemos huir por nuestra vida, para evitarles dolor y angustias a nuestros seres queridos.

Cuando un cónyuge fiel descubre la infidelidad de su par, vive experiencias traumáticas que deben ser tratadas con ayuda sabia porque no solo producen tensiones y frustraciones, sino serias consecuencias en la vida espiritual, física y emocional, incluso de todos los miembros de la familia.

La infidelidad es un pecado que tiene que ser sabiamente confrontado y para poder hacerlo es imprescindible prepararse con diligencia. Ninguna mujer debe continuar viviendo en un triángulo amoroso, pues comete pecado el cónyuge infiel que lo inicia y comete pecado el cónyuge fiel que permite que este continúe. Una mujer no puede vivir saludablemente, tener emociones sanas y una vida equilibrada cuando continúa en una relación a pesar de que sabe que es engañada. No puede salir de los estados depresivos una mujer cuyo marido haya cometido infidelidad, permitiendo que continúe esa relación y no confrontando la maldad.

La violencia hogareña

Otra manifestación de las relaciones familiares destructivas es otro flagelo llamado violencia familiar u hogareña. Esta no siempre resulta fácil de definir o reconocer, pero todos estaremos de acuerdo que es una de las fuentes más grande de tensión y frustración en la vida de una mujer. No se puede vivir en paz en medio de la violencia. No se puede vivir sin temor y con seguridad en medio del abuso, el maltrato y otros actos de maldad. El hecho de que con el paso de los años, por temor o por ignorancia, algunas personas perpetúen ese estado destructivo y no realicen la debida confrontación no significa que ese flagelo pierda su efectividad. Más bien va destruyendo consistente y efectivamente la dignidad de las personas. Las familias completas que viven en un sistema de violencia intrafamiliar experimentan constantes crisis de estrés y depresión. Toda mujer que es testigo de la violencia en su familia o la experimenta, vivirá en un mundo depresivo.

Descripción de un gigante destructivo

La violencia es otro gigante que vive en el corazón de la persona y que espera con paciencia su oportunidad para destruir. Aunque existen muchas descripciones para las manifestaciones de la violencia intrafamiliar, en términos generales podríamos designarla como el uso deliberado de la fuerza para controlar o manipular a la pareja o cualquier miembro de la familia. Se trata del abuso sicológico, sexual o físico habitual que ocurre entre personas relacionadas afectivamente, como son marido y mujer o adultos contra los menores que viven en un mismo hogar.

La violencia familiar no es solamente el abuso físico, los golpes o las heridas que se puedan causar. Son aun más terribles la violencia sicológica y la sexual por el trauma que causan y porque no todos la pueden ver. La violencia física es más evidente y todo el mundo puede ver las marcas que deja.

También existe violencia cuando se ataca la integridad emocional o espiritual de una persona. Pero siempre la violencia física, que es la más evidente, es precedida por un patrón de abuso sicológico, que es lo que el abusador usa sistemáticamente con el objetivo de degradar a la víctima. Al actuar de esa manera logra erosionar y aplastar la autoestima de la mujer, por lo que ella vive en un permanente estado depresivo.

La violencia sicológica es más difícil de detectar pero también es terriblemente dañina. Quien ha sufrido violencia física tiene huellas visibles y puede lograr ayuda más fácilmente. Sin embargo, a la víctima que lleva cicatrices en la siquis o el alma le resulta más difícil obtener compasión y ayuda. Tristemente también es difícil de detectarla debido a que muchas mujeres nunca la denuncian y el abusador aprende rápidamente técnicas para hacer sentir mal y culpable a la víctima de su maltrato.

A la violencia física en muchas experiencias la preceden años de violencia sicológica. Este tipo de violencia consiste en despreciarla e insultarla de tal manera que llegue un momento en que esa mujer maltratada sicológicamente, cree que se merece la humillación, el maltrato y aun los golpes. Por ello es tan difícil lograr que una mujer maltratada emocionalmente busque auxilio, pues casi siempre cree que no lo necesita y no solo se siente avergonzada. Muchas se sienten merecedoras de ese trato inadecuado por las fallas de carácter o por las responsabilidades que tienen. Es por esas razones que el abuso sicológico puede prolongarse durante muchos años. Los que maltratan a sus víctimas lo hacen de acuerdo a un patrón. Ellos actúan con violencia porque la tienen en su mente. Las circunstancias no crean violencia, la sacan de donde está escondida. Esa violencia no se cura con reclamos, gritos ni amenazas de abandono. La persona violenta debe ser confrontada con todo el apoyo de personas sabias y en el momento oportuno, con el apoyo de las autoridades competentes. Tampoco la depresión de una mujer que vive en ese mundo de violencia se cura con medicamentos antidepresivos, sino con la confrontación sabia del problema que genera los estados depresivos.

Algunas mujeres perpetúan sus estados depresivos porque postergan la confrontación del problema y muchas veces lo hacen creyendo que el remordimiento que generalmente muestra el abusador después de su episodio de violencia es una señal que le indica que solo debe tener un poco más de paciencia y que pronto comenzarán a vivir en la paz que tanto anhela. Igual que en el caso del alcohólico, el que golpea a una mujer o la maltrata sicológica o sexualmente, lo primero que hará es negarlo.

Cuando escribí mi libro *Cartas a mi amiga maltratada*, quedé sorprendido de la cantidad de personas maltratadas que no solo no estaban dispuestas a denunciar la violencia, sino que aceptaban las excusas de sus maltratadores. Algunas declaraciones de las víctimas y victimarios son sorprendentes: Un hombre me decía: «Yo no la golpeo regularmente, solo lo hago cuando tengo razones». No hay ninguna razón para golpear a una mujer, ni a ninguna persona, pero los victimarios generalmente niegan la gravedad de los hechos con declaraciones como estas: «Yo no la he golpeado, yo no le hecho nada, yo solo me defiendo y la empujo o intimido para calmarla».

Otra forma de abuso sicológico es el aislamiento. He conocido casos en que la mujer vive en un mundo vacío de relaciones saludables. A algunas ni siquiera les hablan, ni la miran y poco a poco ella se va convenciendo de que se merece ese trato y que no puede hacer nada para cambiarlo.

La intimidación también es un abuso y generalmente es parte del sistema violento. Las personas abusadoras dicen: «Si dices algo, te mato». Muchas mujeres no se atreven a hablar por las amenazas que sus maridos o sus compañeros lanzan contra ellas.

*Otra manifestación de las relaciones familiares destructivas
es el flagelo llamado violencia hogareña. Cuando las mujeres
y sus familias experimentan ataques, amenazas, golpes e
intimidación, sufren constantes crisis de estrés y depresión.
Lamentablemente algunas mujeres perpetúan sus estados
depresivos porque postergan la debida confrontación y por
sus temores, ignorancia o mala formación creen que no
existe solución. La violencia es un gigante que tiene que ser
confrontado con fortaleza y sabiduría por la mujer que desea
vivir en una relación que no produzca depresión.*

Las amenazas también son otro tipo de abuso en las relaciones familiares. Vive en un estado depresivo la mujer a quien amenazan hacerle daño, cuando la amenazan que abandonarán el hogar, especialmente cuando quien lo hace es la única fuente de ingresos económicos. Vive en depresión la mujer a quien amenazan con quitarle los hijos. Esas y otras amenazas son muestras de algunos de los abusos sicológicos que preceden al abuso físico y que provocan estados depresivos.

La violencia sicológica o verbal también produce tensiones y frustraciones en la vida de una mujer. Un cónyuge puede destruir sistemáticamente la autoestima de su par mediante críticas, desprecios, abandono o insultos. Quienes tienen su autoestima lastimada se sienten impotentes. Por no darse el valor que tienen, no creen tener la capacidad de enfrentar el problema ni los talentos para continuar su vida sin la compañía y el soporte económico de quien las maltrata. Esas personas, generalmente sufren calladamente y por eso no pueden recibir la ayuda que tanto necesitan. Como ese tipo de abuso o violencia ocurre mayormente en la privacidad del hogar, casi siempre pasa inadvertido y puede durar muchos años.

Algunas mujeres viven llenas de tensión y frustración porque fueron obligadas a abortar y no solo sienten el dolor por el niño asesinado, sino también la culpabilidad por no haber sido valientes y haber confrontado al marido.

Debido a la tensión constante que experimentan, debido a lo vano de los intentos que hacen por detener la violencia, con gritos, ruegos, discusiones, súplicas, amenazas o aun con violencia, las mujeres experimentan serias frustraciones que pueden involucrarlas en graves temporadas depresivas.

Debido al temor y a la baja autoestima, muchas víctimas del maltrato verbal piensan que su situación no es lo suficientemente grave como para impedirlo. Algunas tienen temor de que su denuncia no será creída, que puede dañar la imagen del marido, que no quiere criar a sus hijos sola o temen las represalias debido a las amenazas que reciben.

La violencia contra los hijos

Aunque toda violencia es mala y destructiva, muchas mujeres sufren más y viven más frustradas y deprimidas cuando en vez de ellas ser el blanco de la violencia, lo son los hijos que tanto aman. La violencia contra sus hijos provoca terribles estados depresivos.

En los hogares disfuncionales en los cuales un cónyuge maltrata al otro, es también común el maltrato a los niños. Esto no solo destruye a los pequeños sino también a la madre, aunque el esposo no sea violento con ella.

Cuando los esfuerzos por resolver la situación fracasan, el ataque físico continúa y la salud física y mental de la mujer es afectada, la víctima tiene el derecho y el deber de escapar y buscar refugio con su familia, sus amistades o en agencias especiales que proveen ayuda. Sin embargo, muchas mujeres no lo hacen por no perjudicar al marido que las está destruyendo; aunque no puedan salir de la depresión que las consume. Una persona puede vivir orando a Dios para que le ayude a salir de sus estados depresivos, pero Dios exige que aprendamos a vivir como buenos mayordomos de nuestra vida. La voluntad de Dios no es que una mujer perpetúe su depresión al permanecer en una situación de maltrato físico o emocional, sino que busque ayuda tanto para sí misma como para sus hijos y confronte a su victimario.

Muchos niños se crían en un ambiente antagónico, en medio de gritos, menosprecio o de castigos físicos destructivos. Debido a esas relaciones enfermas, ellos también experimentan estados depresivos. Algunos de ellos aprenden e imitan ese mismo sistema erróneo de enfrentar problemas y por ello se involucran en constantes peleas con sus hermanos. Otros insultan o maltratan a la madre y ese permanente sufrimiento, esa incapacidad de lidiar con ese ambiente de destrucción motiva a la mujer a la depresión.

La verdad es que todos los que están involucrados en la violencia están enfermos emocionalmente y necesitan ayuda.

Muchas mujeres perpetúan sus estados depresivos pues no pueden salir del flagelo de la infidelidad y del de la violencia, ya que viven en una relación de codependencia. Muchas son dependientes debido a los temores que tienen o porque no tienen forma de sostener a su familia y necesitan ser sostenidas económicamente. Otras se mantienen en sus relaciones disfuncionales debido a erróneas convicciones religiosas. Algunas han aprendido que deben luchar por mantener el matrimonio, pero no les han enseñado que cuando existe violencia, no hay matrimonio y que esa no es la voluntad divina para las relaciones humanas. Existen personas que creen que los episodios de violencia son pruebas de su fe, otras creen que con oración y tratando bien a su victimario, este va a cambiar. Pero ni Dios ayudará a quien rechaza su ayuda.

Para enfrentar sabiamente y salir de la violencia hogareña, le sugiero que estudie y ponga en práctica las enseñanzas que imparto en mi libro *Cartas a mi amiga maltratada*.

Ninguna mujer saldrá de la depresión creada por la violencia intrafamiliar o por la infidelidad de su cónyuge, sin enfrentar el problema con sabiduría. El mantenerse en estado depresivo por estar relacionada con un abusador, no solo pone en peligro su vida sino también la de sus hijos. El elegir quedarse atrapada en un triángulo amoroso no solo le involucra en un mundo de tensión, sino que además será su permanente causa de depresión.

10

El cuerpo femenino:
Particularidades que producen cambios

El cuerpo femenino es único y maravilloso
porque fue creado por un Dios grandioso,
además tiene necesidades esenciales que
deben ser satisfechas. Las mujeres que por
descuido o ignorancia no satisfacen sus
necesidades físicas, emocionales y espirituales experimentarán una permanente
decepción que les producirá depresión.

La Biblia enseña que el cuerpo es templo del Espíritu Santo y en esa declaración establece la importancia de la mayordomía personal. Quienes amamos a Dios tenemos la obligación de amarnos a nosotros mismos, no adoptando una actitud de orgullo o de egoísmo, sino amándonos como Dios nos ama, lo que resultará en que seamos buenos mayordomos de nuestro cuerpo.

El amor propio es tan importante que existe una demanda divina de amar a nuestro cónyuge como a nosotros mismos. Es que nadie puede amar bien y como Dios ordena si no se ama a sí mismo. La orden bíblica es: «Los maridos deben amar a sus mujeres como a sus mismos cuerpos» (Efesios 6.28).

El amor verdadero nos motiva a preocuparnos por nuestras necesidades integrales y por buscar la forma de suplirlas con sabiduría. Quien se descuida e ignora sus necesidades no cumple el mandato divino de ser buenos mayordomos. Ese amor que busca nuestro propio bien y el de los demás fue demostrado y definido por nuestro Dios y todos aquellos que formamos parte de la familia de Dios tenemos el potencial de no solo experimentar su amor sino también amarnos a nosotros y amar a los demás. Por supuesto, amar como Dios pensó no es un asunto natural. Ese amor basado en conceptos divinos no fluye como un caudal natural en seres humanos pecadores con tendencias orgullosas y egoístas. No nos amamos en forma natural y automática, por ello existen tantas mujeres que dan lo mejor de sí por sus hijos o por sus esposos, pero no están dispuestas a adquirir conocimiento y determinar suplir sus necesidades integrales. Dios nos ha dado a todos la capacidad de amar y ser amados, lamentablemente no todos saben amarse.

LA RESPONSABILIDAD INDIVIDUAL

Mientras más vivo más me doy cuenta de que nadie es tan responsable de mi vida que yo y que cometemos un terrible error cuando endilgamos nuestras responsabilidades a otros.

Dios nos creó con sabiduría, por lo que le entrega a cada individuo la responsabilidad de cuidarse y buscar sabiamente la satisfacción de sus necesidades físicas, emocionales y espirituales. Solo cuando somos niños dependemos totalmente de nuestros padres, pero en la adolescencia, tanto los padres como los hijos deben prepararse para la independencia. En la juventud debemos comenzar a asumir mayor cantidad de responsabilidades pues poco a poco debemos ir tomando responsabilidad total de nuestro ser.

Toda persona es responsable de su desarrollo, de su cuidado, de las relaciones con otras personas y de su sostenimiento.

Dios ha puesto en todo ser humano talentos que debemos desarrollar. Dios ha puesto en todo ser un humano tesoros maravillosos que deben ser cuidados.

Toda persona es responsable de desarrollar su vida espiritual. No somos solo un cuerpo inanimado, ni solo un cuerpo con emociones. También hay eternidad en el ser humano y Dios puso en nosotros la necesidad de relacionarnos con Él. Nosotros somos los únicos responsables de nuestra relación con Dios y ello no debe depender de lo que otros piensen de Dios, de lo que otros hagan con Dios o de lo que otros nos hagan a nosotros. Nosotros somos los únicos responsables de tener con Dios una relación saludable e íntima.

Vivir responsablemente implica la tarea de aprender a pensar con independencia acerca de las presiones ideológicas de otros, pero sin irse al extremo de salirse de las reglas de la moralidad. Tenemos la opción de ejercitar nuestra mente y tomar nuestras propias decisiones o delegar la responsabilidad a otros para que piensen por nosotros y aceptar sus posiciones. Sin embargo, la persona responsable piensa por sí misma y se asegura de que pone un buen fundamento en su sistema de pensamiento.

Las mujeres que desean realizarse en la vida, aprender a enfrentar los desafíos y las presiones, y no quieren vivir un mundo depresivo, deben asumir la responsabilidad de su propia vida.

Vivir con responsabilidad es apropiarse, tener control de su vida y conocer cuál es su deber ante Dios y los demás. Es tomar el timón de su vida sin culpar a los demás y sabiendo que nadie va a vivir la vida por usted. Todos los seres humanos somos responsables de lo que hacemos con nuestros talentos, tiempo, recursos, relaciones y sentimientos. Nosotros somos responsables de nuestras acciones y también de nuestras reacciones frente a las acciones de los demás.

Las mujeres responsables ven la vida como algo que se les ha confiado y saben que solo ellas son las responsables de lo que hagan con ella.

Las mujeres que viven con responsabilidad han aprendido a hacerse cargo de sus sentimientos, actitudes, conductas, elecciones, límites, talentos, pensamientos, deseos, valores, amores, etc. Ellas dicen: «Mis sentimientos son mi problema, mis actitudes son mi problema, lo que ocurre con mi cuerpo, los cambios hormonales que tengo, son mi problema y no de los demás».

Los límites personales

Los límites son vitales para el bienestar emocional de la persona. Muchas mujeres viven un mundo de depresión pues no han aprendido a establecer los límites que protegerán su vida del daño que otros puedan hacerle.

Los límites son clave para nuestra individualidad pues nos definen como individuos. Definen lo que soy y lo que no soy. Nos indican dónde comienza y dónde termina otra persona. Dónde comienzan y dónde terminan nuestras responsabilidades y cuáles son las consecuencias cuando traspaso los límites de otro y cuando otro traspasa los míos.

Los límites nos ayudan a definir y demostrar cuáles son nuestras propiedades. Necesitamos incluir dentro de nuestros límites lo que nos nutrirá y dejar fuera lo que nos perjudica.

La mujer debe entender que si no establece límites en su involucramiento, sufrirá las consecuencias. Debe entender que si no establece límites en sus relaciones familiares, los demás dependerán totalmente de ella y vivirá sobrecargada y estresada. Las mujeres deben entender que su cuerpo tiene límites de resistencia y que determinadas enfermedades son la muestra de que está viviendo una vida de excesos.

EL COMPLEJO MUNDO FEMENINO

El mundo femenino es complejo y requiere atención especial. Existen determinadas experiencias y desafíos que son únicos y que necesitan atención especial.

Debido a que muchas mujeres no han estudiado profundamente acerca de su propio cuerpo ni han aprendido a enfrentar sus desafíos, creen que son las únicas que experimentan depresión y falta de energía en ciertos períodos de su vida. No siempre entienden que toda mujer experimenta problemas típicos de su sexo.

Con el fin de ayudar a las mujeres he investigado mucho y en mis conferencias les enseño a conocer sus propias necesidades y aun su propio cuerpo. La gran mayoría de los hombres no conoce esos aspectos importantes del mundo de la mujer, pero también hay mujeres que no se conocen como deberían y como necesitarían.

El síndrome premenstrual

Otras mujeres pasan por momentos difíciles unos días antes de que llegue su periodo menstrual. Para unas son solo un par de días, pero otras pueden pasar por muchos días de cambios físicos y emocionales.

Los síntomas del síndrome premenstrual son variados. En algunas mujeres se caracteriza por cambios en su cuerpo como la hinchazón abdominal y de las mamas. También pueden experimentar migrañas y dolores abdominales.

Este periodo también se caracteriza por muchos cambios emocionales debido al desequilibrio hormonal y a deficiencias de la vitamina B6 que están experimentando.

La inevitable menstruación

No podemos enfrentar con sabiduría lo que desconocemos. Las cosas desconocidas nos atemorizan o por lo menos nos meten en temporadas de incertidumbre. Eso es lo que experimentan mes a mes las mujeres que no entienden todo lo que viven debido a los cambios hormonales que tienen. Mientras más informada y más sabia sea la mujer para actuar de la forma apropiada cuando su cuerpo y sus emociones lo demandan, menos posibilidad tendrá de ser consumida por periodos depresivos. Existen personas reactivas y acostumbran a enfrentar los problemas cuando ocurren y sin prepararse para hacerlo apropiadamente. Hay mujeres proactivas pues saben que mes a mes recibirán su periodo menstrual y que llegará una etapa de su vida en que enfrentarán su menopausia y se preparan para saber cómo deben enfrentar los desafíos inevitables.

Conozca su mes

En dos secuencias de casi catorce días cada una, el organismo de las mujeres va del decaimiento a la euforia o de la inapetencia sexual a un aumento en la libido.

Estos cambios bruscos en su cuerpo y sus emociones se debe a la interacción que cada mes protagonizan, básicamente, dos hormonas: los estrógenos y la progesterona. Dentro del útero hay una cavidad que se llama endometrio que, debido a la actividad hormonal, cambia en forma cíclica y por ello cada veintiocho días se desprende lo que se llama regla, para regenerarse después.

En la primera mitad del ciclo el acontecimiento más importante es la regla. Desde el primer día del período hasta el día catorce, cuando se produce la ovulación, el cuerpo de la mujer será regido por los estrógenos. En la primera semana, las defensas y la energía se resienten, pero la regla libera a la mujer de la retención de líquidos que ha ocurrido en los días anteriores. Durante la segunda semana, las energías vuelven a subir y los estrógenos comienzan a mejorar la calidad de la piel y el pelo, la mujer se cansa menos y tiene una etapa de mayor rendimiento debido a la hiperactividad. También se acerca la ovulación y por ello la libido se eleva, por lo que cuesta menos excitarse y alcanzar orgasmos.

En la segunda mitad del ciclo, no necesariamente todo se calma pues también ocurren cambios que producen un estado de debilidad por la irrupción de la progesterona. Entre los días quince y veintiuno, la testosterona puede producir estados de nerviosismo, en la piel pueden surgir granos y resequedad y la mujer siente más ganas de comer.

La mujer sabia aprovechará estos días para botar adrenalina en el gimnasio, cumplir con sus trabajos más pesados y aun depilarse, porque sienten menos el dolor. Aunque en estos días tenga más hambre y coma medidamente algo más, no es muy grave pues el cuerpo demanda una reserva de hidratos de carbono que desaparecerá con la regla, lo que permite un buen equilibrio.

En la última semana del ciclo, en los días veintiuno al veintiocho, vuelve una vez más el famoso síndrome premenstrual que trae consigo otros cambios en sus emociones, una sensación de angustia, decaimiento físico y acumulación de líquidos, que pueden hacerle aumentar entre tres y cuatro kilos.

Además, el malestar en algunas mujeres puede afectar al aparato digestivo, lo que provoca mala digestión, náuseas y estreñimiento. Por ello, para las mujeres cuya regla no es dolorosa, su llegada le produce una sensación de alivio y además, marca el punto de partida para el siguiente ciclo.

Debido a diversas influencias muchas mujeres han creído cosas erróneas con respecto al periodo menstrual que son perjudiciales. Algunas piensan que todas las mujeres tienen un ciclo de veintiocho días, aunque lo normal es que oscile entre los veinticinco y los treinta días. Cuando los periodos son muy cortos o muy espaciados es mejor consultar con su médico. No es cierto que no se pueda tener actividades físicas durante el periodo menstrual, al contrario, cuando se realizan ejercicios aconsejados por alguna autoridad en la materia, estos pueden ayudar a reducir molestias, a relajar y manejar el estrés y los estados depresivos. Hay mujeres que creen erróneamente que no deben tener relaciones sexuales durante su regla. Algunas sienten culpabilidad por tener erróneas convicciones religiosas. Durante este periodo y de común acuerdo con su cónyuge pueden tener actividad sexual pues no hay motivos religiosos ni científicos que la impidan aunque la higiene debe ser extrema y tenerse mucho cuidado si hay irritación o son reglas dolorosas. Tampoco es malo bañarse durante el periodo menstrual, aunque algunas mujeres mal informadas creen que la hemorragia puede interrumpirse.

Siempre es útil aplicar ciertos consejos que dan otras mujeres que han aprendido a lidiar con los efectos de la menstruación. Los médicos pueden guiarle para utilizar determinadas técnicas y además, es esencial que empleen su sentido común. Si siente mucha debilidad física, no acostumbre a realizar trabajos pesados durante este periodo ni llegue a acuerdos con su esposo para que atienda con sabiduría su necesidad de ayuda. Algunas mujeres mitigan sus dolores aplicándose calor en su abdomen y espalda. El médico puede recomendarle algunos alimentos o vitaminas útiles y varios ejercicios moderados.

Es cierto que durante el periodo menstrual la mujer es más sensible, más tendiente a la irritación y a pasar por etapas de melancolía. Sin embargo, cada mujer debe evaluarse y conocerse para saber cuál es la mejor manera de pasar mensualmente este periodo. Los síntomas no pueden ser evitados, pero si se puede evitar perder el control o actuar inadecuadamente con su persona y con los que le rodean. Así como ningún hombre tiene el derecho de gritar, maltratar, ignorar, crear conflictos a su familia porque vivió una semana de conflictos y problemas en su vida laboral, tampoco la mujer tiene derecho de tratar inadecuadamente a su familia por los conflictos que enfrenta durante su periodo menstrual.

> *Durante el embarazo, los cónyuges deben tener una sabia interdependencia y un apoyo prudente pues la mujer no puede tener un embarazo saludable sin un marido que la apoye y sea comprensivo y amoroso.*

En mis libros: *Conoce usted a su esposa* y *Conoce usted a su esposo*, tanto las mujeres como los hombres que desean ayudar a sus esposas y actuar con una actitud comprensiva, encontrarán información valiosa para enfrentar esos periodos inevitables de una forma saludable.

El embarazo

La mujer que tiene el privilegio de llevar en su vientre a un niño no solo tiene una maravillosa experiencia, sino también un tiempo de cambios inevitables. Los cambios hormonales producen grandes desafíos y demandan mucha paciencia.

Durante este periodo la mujer no solo puede experimentar la alegría de participar en el proceso de formación de su hijo, sino que también puede pasar por momentos de estrés y preocupación.

La esposa recibe mucha ayuda y se siente comprendida cuando el marido entiende que el embarazo debe ser una tarea compartida que exige un alto nivel de interdependencia. Los maridos que actúan independientemente y con sus hechos demuestran que no les importa el complicado proceso que vive su cónyuge no solo ponen en peligro su relación conyugal sino que afectarán las emociones de su esposa y por consiguiente, la del niño en proceso de gestación. Las esposas deben incluir a sus esposos con amor y respeto, pero a la vez, con autoridad, deben motivar a sus maridos a apoyarlas física, emocional y espiritualmente durante su embarazo pues los hombres no nos convertimos en fuentes de apoyo durante el embarazo en forma natural y automática.

Se necesita una sabia interdependencia y un apoyo sabio y hermoso pues la mujer no puede tener un embarazo saludable sin un marido comprensivo y amoroso.

La inevitable menopausia

La mayoría de las personas no entienden la serie de cambios que se dan durante este inevitable periodo. La menopausia no es solo el cese de la menstruación, sino que incluye una serie de consecuencias que producen cambios en la forma en que la mujer percibe la vida y que puede afectar seriamente las relaciones familiares.

Tristemente existen muchos mitos que deben ser destruidos pues la ignorancia nos lleva a actuar erróneamente. Algunas mujeres que deben pasar por una operación de útero y ovarios piensan que quedarán inoperantes sexualmente. Muchos hombres me han consultado si eso es verdad y han aconsejado a sus esposas no operarse por temor a que no sirvan sexualmente. Ese pensamiento es tan erróneo como la idea de que la vasectomía puede dejar a los hombres impotentes.

Tampoco es cierto que cuando a la mujer se le termina la regla pierda su feminidad. La pérdida del ciclo menstrual no es el fin de su vida, sino una nueva etapa que también debe aprender a disfrutar.

Es imprescindible que los cónyuges tengan conversaciones sinceras y busquen adquirir el mayor conocimiento, así como que reciban orientación profesional para enfrentar unidos esa etapa de la vida. En algunos casos la ayuda médica y las medicinas son indispensables, pero necesitarán buscar varias opiniones que les guíen a tomar sabias decisiones.

La respuesta inadecuada a las consecuencias de la menopausia puede ser causa de destrucción de una relación conyugal, pues es una etapa llena de desafíos que la pareja debe afrontar.

Ayudar a la esposa es una tarea que todo esposo debería realizar. Por cierto que tratar de ayudar y comprender a una esposa irritable e hipersensible puede que sea una de las tareas más demandantes de la vida. Muchos matrimonios se destruyen en esta etapa pues los maridos no están dispuestos a lidiar con los problemas que surgen de los cambios emocionales que vive la mujer. Ella puede tener cambios gigantescos de ánimo, por lo que es muy difícil relacionarse con ella, si no tiene la sabiduría para lidiar con sus propios conflictos.

Pero la mujer no es responsable de cómo se siente, sino de cómo reacciona por lo que siente. Su cuerpo y su mente están en grandes cambios y el hombre debe entender que ella no disfruta sintiéndose de esa manera, ni busca sentirse así. Por otra parte, la mujer debe entender que el esposo es la persona más importante para ayudarle en esa etapa de su vida y, por lo tanto, ambos deben informarse y actuar con una actitud comprensiva. Recuerde que seguramente ella ha realizado grandes sacrificios para servirle por muchos años y ahora necesita la comprensión del marido al que le ha servido.

La menopausia es la etapa final en el ciclo reproductivo de la mujer. Señala el cese de la menstruación y de la capacidad de reproducción, cuando declinan los niveles de estrógeno y cesa la ovulación. La menopausia no es sinónimo de deterioro, ni es una enfermedad, aunque requiera ayuda especializada.

Climaterio es la palabra que describe los períodos anterior y posterior al cese de las menstruaciones. En la premenopausia empiezan a ocurrir cambios en el ciclo menstrual. Cuando ocurren las primeras irregularidades menstruales, hay un incremento de los niveles de estrógenos y de otras hormonas llamadas gonadotropinas y disminuye la progesterona. Los ciclos comienzan a ser irregulares: aumentan o disminuyen los intervalos entre ellos; la cantidad de flujo, así como la duración de la pérdida, varían: son muy cortos o muy largos, escasos o abundantes. A veces también pueden presentarse pequeñas pérdidas entre períodos. A medida que se acerca la menopausia, se espacian las menstruaciones de modo que entre la penúltima y la última pueden pasar muchos meses.

La postmenopausia, el momento en que no hay más menstruación ocurre habitualmente, entre los cuarenta y sesenta y cinco años.

Las hormonas son las responsables del cambio que se presenta en la pubertad y de aquellos que se tendrán en la edad adulta.

La reducción de las hormonas, al llegar al climaterio, es la responsable de los cambios que ocurren en el organismo de la mujer. Además, pueden experimentar palpitaciones, sensación de opresión en el pecho, hipertensión, vértigos, sequedad vaginal, hormigueo en las extremidades, calores, incontinencia urinaria y algunos trastornos del sistema digestivo. Pero los principales indicadores de la menopausia son la desaparición de la menstruación, la sequedad vaginal y los calores. La mejor forma de enfrentar esas modificaciones es elegir una actitud positiva pues le permite tener una mejor calidad de vida a la continuidad de las actividades cotidianas.

En las relaciones conyugales, debido a lo que experimenta la mujer, también aparecen grandes desafíos. La mujer tiende a enfocarse más en sí misma, a tener temores y a preferir no tener relaciones interpersonales tan cercanas. Además, los hijos son más grandes, los desafíos pueden ser mayores o el nido ya está vacío y experimenta una sensación de soledad. También los padres de una mujer en esta etapa comienzan a experimentar nuevas enfermedades y necesitan algo de apoyo y atención de ella. Debido a los cambios hormonales y la presión emocional, se pueden intensificar las sensaciones de inseguridad, muchos temores, preocupación por el futuro, por el estado de salud y el sufrimiento.

Para evitar al máximo los estados depresivos, la mujer debe consultar con su médico, seguir todas sus indicaciones y, si le es permitido, debe tener un programa de ejercicios.

Es sabio involucrarse en actividades que le permitan sentirse útil y relajarse, así como aprovechar de disfrutar su tiempo libre.

Los síntomas que experimenta la mujer durante la menstruación y la menopausia no pueden ser evitados, pero si se puede evitar perder el control o actuar inadecuadamente con su persona y con los que la rodean. Así como ningún hombre tiene el derecho de gritar, maltratar, ignorar, crear conflictos a su familia porque vivió una semana de problemas en su vida laboral, tampoco la mujer tiene derecho de tratar inadecuadamente a su familia por los conflictos que enfrenta durante su periodo menstrual.

Por otra parte, la mujer debe entender que el esposo es la persona más importante para ayudarla en cada menstruación y durante la menopausia, por lo que ambos deben informarse, elegir una actitud positiva, apoyarse mutuamente si desean evitar situaciones depresivas. Los esposos deben recordar que seguramente sus esposas han realizado grandes sacrificios para servirles por muchos años y ahora necesitan la comprensión del marido a quien ellas con dedicación han servido.

11

La responsabilidad:
Acciones imprescindibles para vivir con dignidad

«Las mujeres deben recordar que su vida es su responsabilidad y por ello deben prepararse para enfrentar sus estados depresivos con determinación y organización. Los hombres debemos recordar que debemos amar a nuestra esposa y apoyarnos mutuamente. Cuando los cónyuges se aman y se apoyan con solicitud, responsabilidad y dedicación, no sólo evitan la tensión, sino que crean una excelente herramienta de cura de la depresión».

Mi experiencia me indica que gran parte de los estados depresivos de la mujer ocurren por falta de sabiduría para enfrentar los cambios inevitables de un proceso anunciado. Muchos de esos cambios que van ocurriendo en su vida, pueden ser anticipados y sabiamente enfrentados con prudencia, conocimiento y una buena actitud.

Creo que muchas mujeres se equivocan en el manejo de su vida por falta de información, pues ninguna persona normal quiere destruirse.

Los hombres y las mujeres debemos recordar que nuestra vida es nuestra responsabilidad y que cuando nos casamos tenemos la obligación de apoyarnos mutuamente y convertirnos en instrumentos de ayuda para la persona que amamos. La satisfacción de las necesidades emocionales femeninas es tan imperiosa y urgente como la de las masculinas. El descuido del hombre como el de la mujer trae efectos desastrosos.

El hombre y el apoyo a su esposa

El hombre que ama a su mujer debe convertirse en un líder amoroso que se prepara para ayudar sabiamente a la mujer que tiene grandes necesidades. Cuando somos líderes de cualquier empresa, no debemos enojarnos desproporcionadamente ni reaccionar inadecuadamente si las personas que están bajo nuestra supervisión enfrentan desafíos que no saben controlar, pasan por etapas difíciles e incluso cometen errores. Nuestro deber es investigar, evaluar y tomar decisiones correctas por el bien de las personas y la institución. Nuestra respuesta caótica creará una crisis. Nuestra respuesta sabia ayudará a enfrentarla. De la misma manera, como líderes amorosos de nuestra familia no debemos perder la cabeza si nuestra esposa no sabe cómo enfrentar sus desafíos, está pasando por etapas difíciles o comete errores. Es cierto que no es fácil responder bien cuando existen acciones erróneas, pero es nuestro deber hacerlo si queremos asumir nuestro liderazgo.

Estoy seguro de que los cónyuges no tenemos la intención de hacer daño. Mi propio matrimonio fue un ejemplo de cómo las personas con buenas intenciones también pueden pecar. Aun los hombres que amamos a nuestras esposas y queremos ser buenos líderes cometemos errores. Por otro lado, aunque queramos ayudar a nuestras esposas, si ellas no están dispuestas a recibir ayuda, no cambian las situaciones. Es cierto, quienes queremos actuar como maridos amorosos debemos hacer todo lo posible para ayudar y no perjudicar, aun cuando nuestras esposas estén pasando por etapas depresivas, pero enfrentar su depresión es responsabilidad de la persona que la experimenta.

Para ayudar con sabiduría, los hombres amorosos debemos actuar de la siguiente manera:

Establezca su liderazgo en el hogar

El hombre fue diseñado por Dios para ser el líder del hogar. La mujer necesita un líder adecuado y no un hombre despreocupado. Sin embargo, es fácil confundir el liderazgo con el tiranismo. La tiranía, el machismo, el autoritarismo son manifestaciones erróneas del poder que no ayudan aunque intentemos hacerlo. Quien practica esta degradación del liderazgo nunca podrá forjar relaciones conyugales saludables. Sus hijos le obedecerán por temor y no por amor. Su esposa vivirá con él por miedo y no por amor.

Estoy convencido de que ninguna mujer normal tendrá problemas de vivir con una actitud de respeto a un hombre que la ama, le da valor y dignidad, la protege y la trata con ternura. En las crisis de la mujer, quien realmente ayuda es un hombre sabio que tiene empatía y la trata con respeto. Respeto no significa que el hombre debe aceptar todo lo que su esposa diga o haga debido a las tensiones que experimenta. Significa que sabe callar cuando es sabio hacerlo y hablar con tacto cuando debe. Mientras más unidad tenga en la confrontación de las situaciones que producen tensión, más probabilidad tendrán de bajar los niveles de estrés.

Un hombre amoroso que ha decidido apoyar a su esposa ejerce su autoridad basada en conceptos bíblicos y no presiona para ser servido, sino que utiliza su autoridad para servir.

Determine ser un verdadero apoyo

Un hombre amoroso que decide ayudar a su esposa a tratar con las tensiones y depresiones debe apoyar a su cónyuge en las labores del hogar y en la crianza de sus hijos.

Cuando una mujer es dueña de casa y tiene hijos, pasa todo el día cumpliendo labores de hogar. Eso significa que también ha estado cumpliendo una tarea de tiempo completo. Las tensiones del hogar, la tensión en la relación y trato con los hijos pueden producir un inmenso desgaste emocional. Lamentablemente muchos hombres no comprenden que las responsabilidades en el hogar exigen una labor extenuante.

Así como el hombre llega cansado, también ella lo está. Por eso la ayuda mutua de cónyuges que se aman será saludable para toda la familia. Compartir las labores ayuda a que ambos terminen los quehaceres más rápidamente. Si ambos se dividen las tareas y acuestan a los niños temprano, no solo educarán sabiamente a los niños que necesitan esas horas de descanso para crecer saludables, sino que ellos tendrán el tiempo para descansar y relajarse. Ambos podrán disfrutar momentos de esparcimiento juntos. Ambos podrán prepararse sicológicamente para el descanso reparador, sobre todo si planean tener intimidad.

Los seres humanos y especialmente las mujeres soportan mejor las tensiones y el cansancio si otra persona se identifica con ellas. El solo hecho de reconocer lo que ellas están pasando y demostrar su apoyo hace que ellas se sientan mucho más fortalecidas. La labor es mucho más llevadera para la mujer cuando alguien está a su lado para compartir la carga, para identificarse con ella y para comprenderla.

Salomón dice que «Mejores son dos que uno; porque tienen mejor paga de su trabajo. Porque si cayeren, el uno levantará a su compañero; pero ¡ay del solo! que cuando cayere, no habrá segundo que lo levante. También si dos durmieren juntos, se calentarán mutuamente; mas ¿cómo se calentará uno solo? Y si alguno prevaleciere contra uno, dos le resistirán; y cordón de tres dobleces no se rompe pronto» (Eclesiastés 4.9-12).

Las frustraciones que se producen en el trato con niños pequeños, por el cansancio producto de las demandantes tarea del hogar, serían mucho más llevaderas si los esposos actuaran como si comprendieran a sus esposas y mucho más aun si participaran de ellas.

Mucho más dura es la tarea de una mujer que trabaja fuera de su casa y dentro de ella. La mujer que tiene obligaciones en su trabajo, con sus hijos y con su esposo tiene tantas demandas que pueden producirle mucha tensión. En esos casos es aun más necesaria la participación activa y de líder de un hombre amoroso que desea apoyar porque sabe que dos son mejor que uno. La Biblia enseña que ni la mujer ni el hombre deben tener como fuente de contentamiento a su cónyuge. Sin embargo, también nos enseña que la responsabilidad por el bienestar emocional de la mujer ha sido entregada al marido y viceversa. Nosotros tendremos la tendencia a seguir satisfaciendo nuestro propio ego. Seguiremos tratando de alcanzar más logros, llenando más nuestras casas de cosas, dando un mejor nivel social y satisfaciendo las necesidades económicas de nuestra familia. Pero eso no solo ayuda económicamente a nuestra familia, sino que nos hace sentir bien y aumenta nuestra autoestima. Es un error preocuparnos del progreso económico descuidando la satisfacción de lo que es básico para la relación conyugal.

La actitud comprensiva del hombre es la que pone las bases de una relación feliz entre los cónyuges. Él ha sido puesto por Dios como la cabeza de la familia y tiene la responsabilidad del bienestar integral de los miembros de ella, no solo su bienestar económico. El hombre debe abandonar la idea de que su función es ser un proveedor de recursos económicos. Si quiere empezar a tratar a su esposa como una persona de valor y dignidad tiene que aprender a ser un proveedor integral. Un líder amante y respetuoso que provee para las necesidades físicas, emocionales y espirituales de una mujer que conoce bien pues pasa tiempo con ella. De una mujer que le

La satisfacción y la paz del hombre no dependen de cuán agradecida sea su esposa o de cuán buena sea por el apoyo que recibe, sino de ser el hombre que Dios quiere que sea. La satisfacción y la paz de la mujer no dependen de cuán buen marido tenga, sino de cuán sabia es para ser la mujer que Dios quiere que sea. El hombre es responsable de apoyar a la mujer y no crear tensiones, pero la responsabilidad de la mujer es saber enfrentar con fortaleza sus depresiones.

interesa pues la ama y con quien quiere permanecer a pesar de las diferencias pues la acepta tal como es.

Para ayudar a la mujer a enfrentar la vida, es imprescindible que el hombre entienda bien lo que significa ser líder y actúe como uno de ellos, y que la mujer entienda sus responsabilidades y derechos y viva con responsabilidad. Esa combinación les producirá paz y tranquilidad. Los hombres que determinan ser líderes y apoyar a sus esposas están cumpliendo su deber. Así verán la satisfacción que sienten todas las personas que cumplen sus deberes responsablemente. Sin embargo, la clave para que la mujer enfrente sus tensiones y depresiones no es la ayuda del marido, a pesar de lo importante que es tener aprecio y apoyo, sino la sabiduría personal para enfrentar la vida en general.

LA MUJER Y SU RESPONSABILIDAD

A pesar de que todos quieran ayudarla, la mujer puede determinar arruinar o amargar su vida. La familia puede apoyarla, el esposo ser comprensivo y amoroso, los médicos pueden darle las mejores medicinas y Dios puede estar dispuesto a ayudarla, pero si ella determina ignorar sus responsabilidades, rechazar los consejos, no seguir instrucciones y tener una mala actitud frente a la vida, nada la ayudará. Por ello le sugiero, si desea enfrentar sus tensiones y depresiones, que dé los siguientes pasos:

Determine amarse a sí misma

La Biblia enseña con claridad sobre el amor hacia uno mismo. He hablado clara y directamente sobre la importancia de que la mujer se dé el valor que Dios le ha dado.

La Biblia entrega mandatos claros a los hombres para que amen a sus esposas como Cristo ama a la iglesia y para que las amen como se aman ellos mismos. Esta orden es importante porque quien no sabe amarse a sí mismo no sabe amar a los demás. La mujer tiene la misma obligación del hombre. Ella debe amarse a sí misma como Dios la ama y amar a su esposo como ella se ama. Quien no sabe amarse a sí mismo no ha comprendido el verdadero concepto del amor, ya que no actúa bien, no actúa con amor, quien no sabe amarse. Quien no sabe amar no vivirá ni compartirá gracia, misericordia y justicia como es típico en el amor de Dios. Quien no sabe amar se puede ir al extremo del egoísmo, que es el amor no saludable por sí mismo, o al orgullo, que es la falta de amor genuino por los demás.

La mujer que se ama a sí misma deja de culpar a los demás de sus frustraciones y asume su responsabilidad. La mujer que se ama a sí misma deja de culpar a su cónyuge de su infelicidad y aprende a realizar constantes evaluaciones de sus acciones, reacciones y emociones.

Para enfrentar sus tensiones y depresiones de la forma adecuada, la mujer que se ama a sí misma debe tomar la determinación de preocuparse por su bienestar, de ser una buena mayordoma de su vida. Por el amor que se tiene debe establecer horarios, descansar, comer saludablemente y buscar su bienestar personal.

Determine que su vida es su prioridad

Después de su responsabilidad y amor por Dios, la mujer debe entender que tiene la responsabilidad de amarse a sí misma y ser una buena mayordoma de su vida. Que nadie es responsable de llevar una vida fructífera y realizada sino ella y que nadie puede impedirle que viva conforme al propósito de Dios.

Lamentablemente muchas mujeres deciden vivir irresponsablemente y por ello sufren serias consecuencias. Lo más fácil es vivir en forma irresponsable. Muchas mujeres son responsables con sus hijos, son responsables en las labores del hogar, pero irresponsables con su salud, irresponsables con sus emociones, irresponsables con su descanso, irresponsables en la confrontación de los problemas, irresponsable para asumir sus responsabilidades cuando cometen errores, irresponsables en asumir su culpa cuando causan problemas. La mujer debe recordar que todo lo que hace depende de ella, pero algunas prefieren culpar a los demás de sus problemas, culpar a los demás de las reacciones que han tenido, culpar a los demás del resentimiento y la amargura que ellas han elegido.

La vida sería muy distinta si cada uno de nosotros aprendiera a vivir responsablemente. Si en vez de reaccionar mal porque los familiares obraron mal, la mujer dijera: «No me gustó cómo me trataste, pero yo no tengo por qué tratarte mal. Es mi responsabilidad tratarte bien». «No me gusta lo que hiciste, pero debo actuar bien». «Estoy deprimida y me siento muy mal, pero no es tu culpa. Yo debo lidiar con mis tensiones y depresiones». Si así actuáramos la vida sería muy distinta.

> *No olvide que promuevo que la mujer debe ser tratada como alguien que tiene valor y dignidad, pero también enseño que debe demostrar que tiene valores y dignidad.*

No todos los problemas matrimoniales ocurren por culpa de los hombres. Así como existen hombres que han equivocado su papel, también hay mujeres que lo hacen. Las mujeres pueden ser tan egoístas e irresponsables como los hombres. Algunas se convierten en descuidadas, chismosas, gastadoras y compradoras impulsivas. Eso les produce tensiones y depresiones. Otras se convierten en personas enfocadas en sus logros profesionales. Ello tiene una inmensa validez y vale la pena hacerlo. Sin embargo, la mujer profesional, la mujer trabajadora fuera del hogar, también corre el mismo riesgo que el esposo sobrecargado. Ella también puede convertirse en iracunda, estresada, tensa y mal geniosa por las tensiones que experimenta. No olvide que promuevo que la mujer debe ser tratada como alguien que tiene valor y dignidad, pero también enseño que debe demostrar que tiene valores y que tiene dignidad.

Determine que enfrentará sus problemas con sabiduría. Toda mujer que actúe neciamente sufrirá tristes consecuencias aunque tenga un marido sabio; y toda mujer sufrirá consecuencias si responde neciamente a las actuaciones estúpidas de su marido. Pablo escribe a los cristianos de Éfeso y les pide que examinen con diligencia la forma como conducen su vida y dice que cometen un serio error los cristianos que actúan como necios. Su consejo es: «Mirad, pues, con diligencia cómo andéis, no como necios, sino como sabios, aprovechando bien el tiempo, porque los días son malos. Por tanto, no seáis insensatos, sino entendidos de cuál sea la voluntad del Señor» (Efesios 5.15-17). Este consejo debe ser aceptado por toda mujer que quiere convertirse en una buena mayordoma de su vida. El consejo es que evalúen constantemente su vida, que examinen periódicamente su forma de comportarse para determinar si actúan neciamente o si están siguiendo los consejos sabios del Dios que las creó. El consejo de Pablo es que conozcan la voluntad de Dios para cada aspecto de su vida. Que conozcan la voluntad de Dios en la relación con su esposo, la voluntad de Dios en la disciplina y entrenamiento de sus hijos y la voluntad de Dios en el cuidado general de su vida.

Determine que actuará basada en los mandamientos divinos y no en los sentimientos humanos

Uno de los problemas que enfrenta la mujer para poder tratar sus tensiones y depresiones es que casi siempre tiende a responder a la vida de acuerdo a lo que siente que debe hacer y no de acuerdo a los principios que debe aplicar.

Responder a la vida basada en sentimientos produce mucha inestabilidad. Recuerde que sus sentimientos varían y en medio de un estado depresivo, toda la vida se ve nublada. Además, las respuestas emocionales generalmente son extremas. Una mujer puede irse al extremo de convertirse en hipersensible o insensible debido a su enfoque emocional de la vida. Por ello en la Biblia encontramos tantas palabras de advertencia para las mujeres. Les advierte del peligro de convertirse en descuidadas, más preocupadas por su belleza exterior que por las virtudes interiores. Les advierte del peligro de la coquetería y del involucramiento emocional erróneo. Aun les advierte que eviten convertirse en mujeres dominantes y manipuladoras. Ningún sexo ha monopolizado la mala conducta y ambos pueden equivocar su camino, por ello, tanto el hombre como la mujer deben evitar dejarse dominar por los sentimientos.

Recuerde que usted es responsable de sus propios errores y tiene la obligación de evaluar su propia vida para corregir los comportamientos erróneos. Usted no es responsable de los errores de su marido, pero tiene la obligación de usar sabiduría o buscar consejo para saber lidiar con ellos. Usted debe aprender a juzgar los errores de su familia y los suyos basada en convicciones bien establecidas y no en las emociones experimentadas.

Determine que en vez de espiritualizar la confrontación del problema, actuará espiritual y prácticamente

Algunas mujeres tienden a buscar soluciones espirituales a asuntos prácticos. Espiritualizar no es actuar basados en una alta espiritualidad, sino tender a buscar solo que Dios haga milagros para sacarles de los problemas que enfrentan. Ellas tienden a entregar a Dios la responsabilidad que Él les ha entregado. Por supuesto que para enfrentar sus tensiones y depresiones, la mujer debe buscar la ayuda divina. Dios no solo está siempre dispuesto a ser su ayuda y protector. Dios no solo es capaz de realizar un milagro, pero cuando determina no hacerlo, es responsabilidad humana buscar la dirección divina en oración y el consejo bíblico con la ayuda de líderes amorosos y versados en las Escrituras para descubrir cuál es su participación. Solo orar sin actuar, solo reprender demonios y responsabilizar al mundo diabólico por los problemas y no asumir su responsabilidad de enfrentarlos con sabiduría bíblica, es un acto de irresponsabilidad que no agrada a Dios ni permite encontrar solución sabia. Es un acto de irresponsabilidad y una errónea interpretación de los principios bíblicos que una mujer que sufre espiritualice las cosas e intente entregar a Dios la responsabilidad que ella debe cumplir. Dios ha dejado claras indicaciones de cómo confrontar sus conflictos. La Biblia entrega claras instrucciones para actuar con sabiduría como una mujer de valor y dignidad. Y a la vez muestra los mandamientos ineludibles a los hombres que desean asumir su autoridad y que anhelan tratar a sus esposas como mujeres de valor y dignidad.

No es un acto de amor, ni es saludable seguir autodestruyéndose al permitir que se perpetúen los conflictos por espiritualizar la solución y no confrontarlos con convicción, ni es un acto de amor reaccionar agresivamente.

Busque ayuda cuando no pueda enfrentar sus depresiones

Si no puede lidiar con las tensiones y la frustración, busque la ayuda necesaria. Si después de buscar información, de adquirir conocimiento y de hacer todo esfuerzo para enfrentar sus estados de tensión y de ánimo, no logra nada, busque el asesoramiento de algún profesional que puede orientarle con sabiduría. Entre en un programa serio dirigido por un consejero y que le exija enfrentar el problema hasta las últimas consecuencias.

Busque el momento oportuno y al profesional adecuado y hable con absoluta honestidad sobre su situación.

Acerca del autor

El doctor David Hormachea, de origen chileno, realizó sus estudios teológicos y en asesoramiento familiar en Biola University, California, Estados Unidos. Es presidente y conferencista de la corporación de ayuda a la familia De Regreso al Hogar, por medio de la cual produce programas de radio y televisión, escribe libros y produce discos compactos y videos sobre diferentes temas teológicos, de desarrollo personal y la vida de la familia.

David junto al doctor Charles R. Swindoll y hasta el 2008, por veinticinco años compartieron el programa *Visión Para Vivir*. Actualmente es el productor y anfitrión del programa internacional de radio titulado *Principios con David Hormachea*. Otros programas de su producción son *Uno más uno* y *De regreso al hogar*.

David es autor de varios libros, entre otros, *Sexualidad con propósito*, *Una puerta llamada divorcio*, *Como ser padres buenos en un mundo malo*, *Cartas a mi amiga maltratada* y *Cartas al joven tentado*. Estos dos últimos fueron finalistas al premio Gold Medallion que auspicia la Evangelical Christian Publishers Association en los años 2000 y 2003, respectivamente.

Si desea información sobre los materiales disponibles o desea recibir orientación, en Estados Unidos llame al: (714) 832-7974 o visite la página en la Internet en www.deregresoalhogar.org, o escriba a usa@deregresoalhogar.